ビジネス英語
基本の『き』

デイビッド・セイン
David Thayne

南雲堂

Preface

はじめに

　海外の会社が取引先になることや、外国人の上司や同僚を持つことは、今やめずらしいことではありません。実際に仕事で英語を必要とするビジネスパーソンは年々増加し、今後ますますビジネスの場で役立つ英語力が求められることでしょう。

　ビジネス英語は日常会話よりも難易度が高いと思われるかもしれませんが、普段の職場で交わす日本語の会話を思い浮かべてみてください。「打ち合わせの日程を決めましょう」「伝言をお願いできますか？」「お先に失礼します」など、よく使うフレーズは結構決まっていますよね。ビジネス英語もそれと同じで、頻繁に出てくる表現をマスターすればいいのです。

　そこで本書は、この1冊でビジネスに必要な表現を幅広くカバーできるよう、「あいさつ」「電話」「メール」など、ビジネスのシチュエーションを9つの章に分類しました。さらに各章ごとに4つのテーマを設定し、そのシーンで使用頻度の高い単語＆フレーズを6つずつピックアップしています。テーマごとに次の3ステップで学習していきましょう。

STEP 1　6つの単語＆フレーズの意味を確認
STEP 2　短い例文で基本の表現を確認
STEP 3　実際のコミュニケーションに役立つ会話表現を
　　　　確認

　この3つのステップが、デイビット・セインの基本の『き』シリーズの特徴です。1つの単語＆フレーズに対して、「基本の表現」と「会話表現」の2パターンの文章を学習するため、単語やフレーズを単体で覚えるよりも忘れにくく、「使える英語」がしっかりと定着します。また、内容についてはビジネスシーンでよくある場面を想定して作成していますので、英語学習初心者の方や英語が苦手な方も、自分の仕事に置き換えながら読み進められるはずです。

「これは英語で何と言えばいいんだろう」
「この場面で○○と言いたいのにわからない」
　そんなもどかしさを感じたときこそ、英語力UPのチャンスです。本書で学習した内容を実際のビジネスの場でどんどん応用し、みなさんの英語表現の幅を広げていってください。

デイビッド・セイン

目　次

- はじめに 002
- 目次 004
- 本書の使い方 008

第1章　あいさつ

1 基本のあいさつ 012

2 自己紹介をする 016

3 他者を紹介する 020

4 会社を紹介する 024

【コラム1】海外の名刺交換事情 028

第2章　電話

1 電話をかける 030

2 電話を受ける 034

3 電話で確認・依頼する 038

4 その他の電話のやりとり 042

【コラム2】伝言メモの書き方 046

第3章　メール

1 メールの書き出し　048

2 メールの結び　052

3 メールで確認・依頼する　056

4 メールであいさつ・お知らせを送る　060

【コラム3】英文メールの書き方　064

第4章　アポイントメント

1 アポイントメントをとる　066

2 日時・場所を決める　070

3 約束を変更する　074

4 約束をキャンセルする　078

【コラム4】押さえておきたい経済用語　082

第5章　会議

1 会議の事前準備をする　084

2 会議を進行する　088

3 会議で話し合う　092

4 会議をまとめる　096

【コラム5】数字を読んでみよう！　100

第6章　商談

1 商品・サービスを説明する　102

2 価格・納期を交渉する　106

3 商談が成立する　110

4 商談が失敗する　114

【コラム6】数字を書いてみよう！　118

第7章　トラブル

1 クレームを伝える　120

2 クレームに対応する　124

3 OA機器のトラブル　128

4 その他のトラブル　132

【コラム7】「クレームがあります！」は何という？　136

第8章　人事

1 求人について問い合わせる　138

2 面接での質疑応答　142

3 会社の制度を説明する　146

4 人事情報について話す　150

【コラム8】アメリカの年度と新卒採用事情　154

第9章　雑談

1 上司との会話　156

2 同僚との会話　160

3 取引先を接待する　164

4 イベント・パーティーでの会話　168

【コラム9】「割り勘」・「やっと金曜日だ」は何という？　172

■ ビジネス用語集　173

本書の使い方

　本書は全9章で、1章につき4つのテーマで構成されています。テーマごとに以下の3ステップで学習していきましょう。

STEP 1： 基本の単語＆フレーズ
　　⬇　　6つの単語＆フレーズの意味を確認

STEP 2： 基本の表現
　　⬇　　短い例文で基本の表現を確認

STEP 3： 基本のコミュニケーション
　　　　　実際のコミュニケーションに役立つ会話表現を確認

■ 登場キャラクター

↑ XYZ社勤務のトム・デイビス
（Tom Davis）さん

↑ 同僚のハリー・ロペス
（Harry Lopez）さん

↑ 広報部のジョージ・ヒル
（George Hill）さん

↑ 部下のメリー・ホワイト
（Mary White）さん

■ ページ構成

テーマは1章につき4つあります。ビジネスの場でよくあるシーンを想定しています。

STEP 2
左ページにある1〜6の単語&フレーズを使った例文を紹介しています。注釈がついている場合はあわせて確認しましょう。

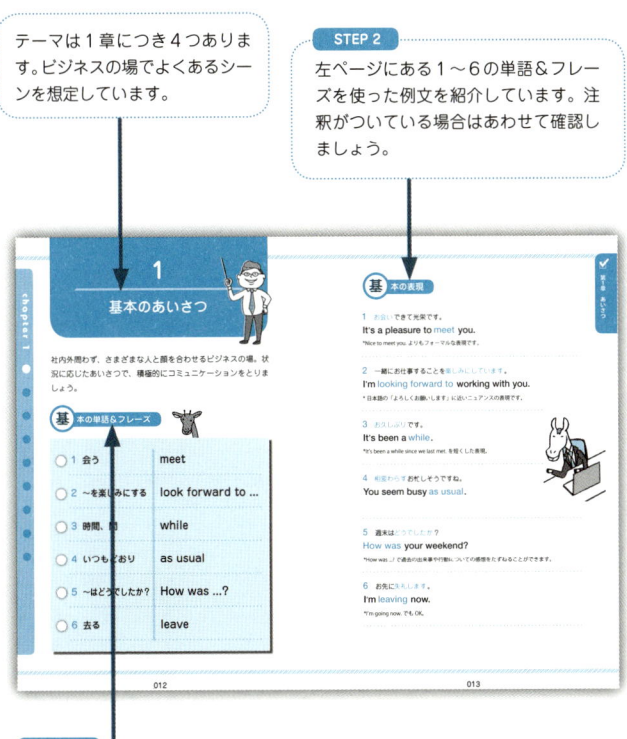

STEP 1
それぞれのテーマでよく使われる6つの「基本の単語&フレーズ」です。1〜6までふってある番号は、あとに続く「基本の表現」と「基本のコミュニケーション」と連動しています。まずはここで単語&フレーズの意味を確認しましょう。

STEP 3

1〜6の単語&フレーズを使った会話文を紹介しています。注釈がついている場合はあわせて確認しましょう。

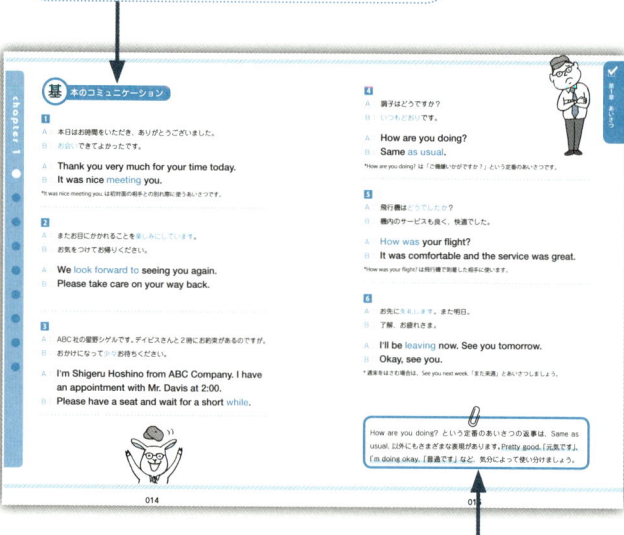

テーマに関連するまめ知識やあわせて覚えておきたい表現などを紹介しています。

第1章

あいさつ
Greetings

1

基本のあいさつ

社内外問わず、さまざまな人と顔を合わせるビジネスの場。状況に応じたあいさつで、積極的にコミュニケーションをとりましょう。

基本の単語&フレーズ

◯ 1	会う	meet
◯ 2	~を楽しみにする	look forward to ...
◯ 3	時間、間	while
◯ 4	いつもどおり	as usual
◯ 5	~はどうでしたか?	How was ...?
◯ 6	去る	leave

 本の表現

第1章 あいさつ

1 お会いできて光栄です。

It's a pleasure to meet you.

*Nice to meet you. よりもフォーマルな表現です。

2 一緒にお仕事することを楽しみにしています。

I'm looking forward to working with you.

* 日本語の「よろしくお願いします」に近いニュアンスの表現です。

3 お久しぶりです。

It's been a while.

*It's been a while since we last met. を短くした表現。

4 相変わらずお忙しそうですね。

You seem busy as usual.

5 週末はどうでしたか？

How was your weekend?

*How was ...? で過去の出来事や行動についての感想をたずねることができます。

6 お先に失礼します。

I'm leaving now.

*I'm going now. でも OK。

基本のコミュニケーション

1

A: 本日はお時間をいただき、ありがとうございました。
B: お会いできてよかったです。

A: **Thank you very much for your time today.**
B: **It was nice meeting you.**

*It was nice meeting you. は初対面の相手との別れ際に使うあいさつです。

2

A: またお目にかかれることを楽しみにしています。
B: お気をつけてお帰りください。

A: **We look forward to seeing you again.**
B: **Please take care on your way back.**

3

A: ABC社の星野シゲルです。デイビスさんと2時にお約束があるのですが。
B: おかけになって少々お待ちください。

A: **I'm Shigeru Hoshino from ABC Company. I have an appointment with Mr. Davis at 2:00.**
B: **Please have a seat and wait for a short while.**

4

A: 調子はどうですか？
B: いつもどおりです。

A: **How are you doing?**
B: **Same as usual.**

*How are you doing? は「ご機嫌いかがですか？」という定番のあいさつです。

5

A: 飛行機はどうでしたか？
B: 機内のサービスも良く、快適でした。

A: **How was your flight?**
B: **It was comfortable and the service was great.**

*How was your flight? は飛行機で到着した相手に使います。

6

A: お先に失礼します。また明日。
B: 了解、お疲れさま。

A: **I'll be leaving now. See you tomorrow.**
B: **Okay, see you.**

* 週末をはさむ場合は、See you next week. 「また来週」とあいさつしましょう。

> How are you doing? という定番のあいさつの返事は、Same as usual. 以外にもさまざまな表現があります。Pretty good.「元気です」、I'm doing okay.「普通です」など、気分によって使い分けましょう。

2

自己紹介をする

自己紹介は、初対面の相手に自分のことを印象づける大切な機会。職業や仕事内容については、どんなときでも自信を持って言えるように準備しておきましょう。

基本の単語&フレーズ

○	1 呼ぶ	call
○	2 名刺	business card
○	3 ～に勤めている	work for ...
○	4 部署	department
○	5 分野	field
○	6 自営業を営む	run one's own business

基本の表現

1 岸田和夫と申します。カズと呼んでください。

I'm Kazuo Kishida. Please call me Kazu.

---

2 私の名刺をお渡しします。

Let me give you my business card.

* 自分から名刺交換を切り出すときの表現。Here's my card. でも OK です。

---

3 ABC という会社に勤務しています。

I work for a company called ABC.

* 働いている業界を伝えるなら work in を。I work in education. 「教育業界で働いています」

---

4 この部署で 5 年間働いています。

I've been working in this department for five years.

* 部署を表す単語は division や section などもあります。

---

5 私は医療分野の研究者です。

I'm a researcher in the medical field.

---

6 私は自営業です。

I run my own business.

基本のコミュニケーション

1

A: ハリーです。何とお呼びすればいいですか？
B: みんなからはケイコと呼ばれています。

A: **I'm Harry. What should I call you?**
B: **Everyone calls me Keiko.**

2

A: 名刺をいただけますか？
B: もちろんです。こちらをどうぞ。

A: **Could I have your business card?**
B: **Sure. Here it is.**

*Here it is. は相手に何かを渡すときの決まり文句。

3

A: お仕事は何をされていますか？
B: 編集者として出版社に勤務しています。

A: **What do you do?**
B: **I work as an editor for a publishing company.**

*What do you do? で、相手の職業をたずねることができます。

4

A: こちらでは何を担当されているのですか？
B: 営業部の部長を務めています。

A: **What is your position here?**
B: **I'm the manager of the Sales Department.**

5

A: 大学時代に IT 分野に興味を持ち、現在の会社に就職しました。
B: そうなんですね。大学では何を専攻していたのですか？

A: **I became interested in the IT field in college and found a job at my current company.**
B: **I see. What was your major?**

6

A: 自営業なんですか？
B: はい、自営でコンサルタントとして働いています。

A: **Are you self-employed?**
B: **Yes, I run my own business and work as a consultant.**

日本と違い、欧米には名刺交換の細かいマナーはありません。名刺に書いてある名前や社名の読み方がわからなければ素直にたずね、相手との距離を縮めましょう。

3 他者を紹介する

お互いが良い印象を持てば、その後のビジネスも円滑に進みます。誰かを紹介する（される）場面では、二者の間に入って会話のきっかけを作りましょう。

基本の単語＆フレーズ

○ 1	紹介する	introduce
○ 2	〜を担当している	be in charge of ...
○ 3	〜を専門に扱う	specialize in ...
○ 4	社員	employee
○ 5	同僚	co-worker
○ 6	〜について聞く	hear about ...

基本の表現

1 紹介したい人がいます。

Let me introduce you to someone.

* 人に誰かを紹介するときの表現。自己紹介の場合は、Let me introduce myself. となります。

---

2 こちらがトムです。彼がこのプロジェクトを担当しています。

This is Tom. He's in charge of this project.

---

3 彼女は新サービスのマーケティング調査を専門に扱っています。

She specializes in marketing research for new services.

---

4 彼は４月に我が社に入った新入社員です。

He's a new employee who joined our company in April.

---

5 以前お話した、同僚の鈴木です。

This is Mr. Suzuki, my co-worker I told you about.

---

6 あなたのお噂はかねがね伺っています。

I've heard so much about you.

*so much を all に変えて使うこともあります。

第1章 あいさつ

 基本のコミュニケーション

1

A: 営業部の責任者の広瀬を紹介いたします。
B: はじめまして。お会いできて光栄です。

A: **I'd like to introduce you to Ms. Hirose, the head of the Sales Department.**
B: **How do you do? It's very nice to meet you.**

*I'd like to は I would like to の略で、希望を伝えるときの丁寧な表現です。

2

A: 社内システムは誰が担当していますか？
B: 開発部の吉田さんです。

A: **Who's in charge of the in-house system?**
B: **Yoshida-san from the Development Department.**

3

A: 当社は国際的なイベントを専門に扱うPR会社です。
B: どんなクライアントがいらっしゃるんですか？

A: **We're a public relations company specializing in international events.**
B: **What kind of clients do you have?**

4

A: 私どもの社員は非常に有能です。必ず御社のお役に立てると思います。
B: それは大変心強いです。

A: **Our employees are very talented. I'm sure they can be of service to your company.**
B: **That's very assuring to hear.**

*be of service「役に立つ」

5

A: メリーさんと昔同僚だったというのは本当ですか?
B: ええ、同じ会社で2年間働いていました。

A: **Is it true that Mary is a former co-worker of yours?**
B: **Yeah, we worked at the same company for two years.**

6

A: 営業部の山本次郎と申します。
B: あなたが山本さんですか。お噂はかねがね伺っています。

A: **I'm Jiro Yamamoto from sales.**
B: **So you're Yamamoto-san. I've heard so much about you.**

Have you met Ted, my co-worker?「私の同僚のテッドとはもう会いましたか?」、There's someone I'd like you to meet.「会わせたい人がいます」なども他者を紹介するときによく使われる表現です。

4

会社を紹介する

所在地や設立年など、会社についての説明や社内の案内を求められたときに役立つ表現です。伝えたい情報を簡潔に述べるよう心がけましょう。

基本の単語&フレーズ

1	本社	head office
2	支店	branch
3	設立する	establish
4	合併	merger
5	移転する	relocate
6	案内する	show around

 基本の表現

1 東京駅から徒歩5分の場所に本社があります。
The head office is about a five-minute walk from Tokyo Station.

2 来月、2つの海外支店がオープンします。
We'll be opening two overseas branches next month.

3 当社は10年前に設立しました。
This company was established 10 years ago.

4 合併後、我々はイギリスから新しい上司を迎えます。
After the merger, we'll have a new boss from England.

5 この事務所はまもなく恵比寿に移転します。
This office will be relocated to Ebisu soon.

6 工場内をご案内いたしましょう。
Let me show you around our factory.
＊お客様に社内などを案内するときに使うフレーズです。

025

基本のコミュニケーション

1

A: 大変お手数ですが、来週本社にお越しいただけますか？
B: わかりました。時間は何時ですか？

A: **I'm sorry for the trouble, but could you come to the head office next week?**
B: **I understand. What time should I be there?**

2

A: ロサンゼルス近郊に支店はありますか？
B: いいえ、でもサンフランシスコには支店があります。

A: **Is there a branch in the Los Angeles area?**
B: **No, but we have one in San Francisco.**

3

A: この会社はいつ設立されたのですか？
B: 2000年です。今では従業員数が3倍近くまで増えました。

A: **When was this company established?**
B: **In 2000. Our staff has almost tripled since then.**

第1章 あいさつ

4

A: MMM 銀行の合併を聞いて驚きました。
B: 今後、地方銀行の合併はますます増えるでしょう。

A: **I was surprised to hear about MMM Bank's merger.**
B: **From here on, mergers with regional banks will be more and more common.**

5

A: 会社はどちらに移転するのですか？
B: 京都市内です。京都駅から電車で 15 分の場所です。

A: **Where is the company going to be relocated to?**
B: **Within Kyoto City. It's 15 minutes by train from Kyoto Station.**

6

A: 私のアシスタントが社内をご案内いたします。
B: ありがとうございます。広くてきれいな職場ですね。

A: **My assistant will show you around our company.**
B: **Thank you. This place is really nice and roomy.**

「私の会社は」は my company ではなく、our company や we を使います。会社や部署全体で受け入れた来客を見送る際なども、We look forward to seeing you again. のように we を主語にしましょう。

Column 1

海外の名刺交換事情

　日本では打ち合わせの席で初対面の相手に会うと、まず最初に名刺交換をするのが一般的ですが、欧米のビジネスパーソンがいきなり名刺を差し出すことはありません。別れ際や会話の流れで名刺交換をすることが多く、あくまで「今後その相手に連絡する必要があるときに交換する」というスタンスです。名刺を手渡すときには、Please contact me anytime.（いつでもご連絡ください）と一言添えるといいでしょう。

　名刺の受け渡しが済んだら、I see your office is in Seattle. That's a nice city, isn't it.（オフィスはシアトルにあるんですね。いいところですよね）、I really like this logo.（いいロゴですね）など、名刺の内容についてコメントするのがエチケットです。また、日本ではタブーとされている「名刺をメモがわりにする」「しまうときに折り曲げる」といった行為も、欧米ではよくあること。最初は驚くかもしれませんが、相手に悪意はないので気にしないようにしましょう。

第 2 章

電 話
Telephone

I'll call back in 30 minutes.

1

電話をかける

相手の表情が見えない電話も、決まった表現を覚えれば大丈夫。電話口に呼び出す、用件を伝える、相手が不在時の対応など「かける」表現をチェックしましょう。

基本の単語&フレーズ

1	〜はいらっしゃいますか？	May I speak to ...?
2	〜の件で電話する	call about ...
3	電話をかけ直す	call back
4	電話を折り返す	return a call
5	〜の代理で	on behalf of ...
6	手が空いている	available

 基本の表現

1 ジョーンズさんはいらっしゃいますか？

May I speak to Ms. Jones?

*Is Ms. Jones there? や I'd like to speak to Ms. Jones. なども相手を呼び出す表現。

2 今朝お送りいただいたメールの件でご連絡しました。

I'm calling about your email I received this morning.

3 30分ほどしたら、またお電話いたします。

I'll call back in 30 minutes.

*「30分以内に」と言いたい場合は within 30 minutes となります。

4 ウィリアムズさんから電話をいただいたようなので折り返しました。

I'm returning a call from Mr. Williams.

5 ミラーさんの代理で電話いたしました。

I'm calling on behalf of Ms. Miller.

6 ブラックさんはお手すきでしょうか？

Is Ms. Black available?

*予定や手などが空いているかをたずねる表現です。

基本のコミュニケーション

1

A: はい、XYZ社でございます。
B: ABC社の田中美佳と申します。広報部のヒルさんはいらっしゃいますか？

A: **Hello, this is XYZ. How may I help you?**
B: **This is Mika Tanaka from ABC. May I speak to Mr. Hill in Public Relations, please?**

*自分の名前や社名を名乗るときは This is ... を使います。

2

A: どのようなご用件でしょうか？
B: 先ほどお送りしたファックスの件でご連絡しました。届いていますでしょうか？

A: **What can I do for you?**
B: **I'm calling about a fax I sent earlier. Do you know if it has been received?**

3

A: すみません、まもなく来客があるのですが。
B: わかりました。またあとでかけ直します。

A: **Sorry, I have to meet with a visitor soon.**
B: **Okay, I'll call back later.**

4

A： ホワイトさんからお電話をいただいたようですが、いらっしゃいますか？
B： はい、少々お待ちください。

A： **I'm returning a call from Ms. White. Is she there?**
B： **Yes, I'll get her for you.**

5

A： どちらさまでしょうか？
B： デイビスの代理でお電話した佐々木と申します。

A： **May I ask your name?**
B： **I'm Sasaki, calling on behalf of Mr. Davis.**

*相手の名前を確認する表現は、ほかに May I ask who's calling? などがあります。

6

A： ロペスは今打ち合わせ中ですが、4時頃には手が空くはずです。
B： わかりました。それ以降にまた電話し直します。ありがとう。

A： **Mr. Lopez is in a meeting now, but he should be available around 4:00.**
B： **Okay, I'll call again after that time. Thanks.**

> 自分からかけた電話を切るときは、Thank you for your time.「お時間をいただきありがとうございました」、Nice talking to you.「お話ができてよかったです」などと言いましょう。

2 電話を受ける

今度は電話がかかってきたときの第一声、担当者への取り次ぎ、不在を伝えるなど「受ける」側の表現を覚えましょう。突然の電話にもあわてることなく対応できます。

基本の単語&フレーズ

○ 1	こちらは~です。	This is ... speaking.
○ 2	電話を切らずに待つ	hold on
○ 3	~に電話をつなぐ	put through to ...
○ 4	電話中で	on another line
○ 5	外出して	out
○ 6	離席中で	away from one's desk

 基本の表現

1 はい、ABC システムズの高木太郎でございます。

Hello. This is ABC Systems, Taro Takagi speaking.

* 自分宛ての電話に「私ですが」とこたえる場合は This is he/she. や Speaking. といいます。

---

2 少々お待ちください。

Please hold on for a moment.

---

3 法務部におつなぎいたします。

I'll put you through to the Legal Department.

*Let me transfer/connect you to the Legal Department. も同じ意味の表現です。

---

4 あいにく電話中です。

I'm afraid he's on another line.

* 取り次ぐ相手が女性の場合は he を she に変えれば OK。(以下同)

---

5 5時まで外出しております。

He'll be out of the office until 5:00.

---

6 席をはずしております。

He's away from his desk.

第2章 電話

基本のコミュニケーション

1

A: はい、トムです。
B: こんにちは、佐藤です。今お電話よろしいですか?

A: **This is Tom speaking.**
B: **Hello, this is Sato. Do you have some time to talk now?**

2

A: 人事部の方をお願いします。
B: かしこまりました。お待ちください。

A: **I'd like to speak with someone in HR, please.**
B: **Certainly. Please hold on.**

*HR とは Human Resources の略で「人事部」を指します。

3

A: 明日のイベントについてわかる方につないでいただけますか?
B: あいにく担当者がおりませんので、戻り次第ご連絡いたします。

A: **Could you put me through to someone who knows about the event tomorrow?**
B: **I'm afraid that the person in charge is not here now, but we will have him call you back later.**

4

A: ただいま別の電話に出ております。このまま少しお待ちいただけますか？
B: ええ、構いません。

A: **He's on another line right now. Could you please hold for a while?**
B: **Sure, I don't mind waiting.**

5

A: たびたびすみません。メリーさんはお戻りですか？
B: 申し訳ございませんが、ただ今昼食に出ております。彼女から折り返し連絡させます。

A: **Sorry to bother you again. Is Mary back?**
B: **I'm afraid she's out for lunch right now. I'll have her call you back.**

6

A: 離席中ですが、すぐ戻ると思います。
B: では、電話があったことをお伝え願えますか？

A: **He's away from his desk, but I think he'll be back soon.**
B: **Could you tell him that I called?**

Thank you for calling.「お電話ありがとうございました」はかかってきた電話を切るときの表現です。また、長引いている電話を切りたいときは Well, I'd better be going.「では、そろそろ」を使いましょう。

3 電話で確認・依頼する

電話の基本をマスターしたあとは、伝言の申し受け、さまざまな案件の確認・依頼など、実際の業務に役立つ表現を見ていきましょう。

基本の単語&フレーズ

○	1 伝言	message
○	2 つづる	spell
○	3 在庫	stock
○	4 請求書	invoice
○	5 営業時間	business hours
○	6 念のため	just in case

基本の表現

1 伝言をお願いできますか？

Could you take a message for me?

*Iを主語にして Can I leave a message? と言い換えることもできます。

2 お名前はどのようにつづりますか？

How do you spell your name?

3 そのプリンターの在庫はありますか？

Do you have the printer in stock?

*have ... in stock「〜の在庫がある」

4 月末までに請求書を送ってください。

Please send me the invoice by the end of the month.

5 営業時間を教えていただけますか？

What are your business hours?

6 念のためお電話番号をお願いできますか？

Could I have your phone number, just in case?

基本のコミュニケーション

1

A: 本日、三浦は失礼させていただきました。伝言を残されますか？

B: では、会議の時間が2時に変更になったとお伝えください。

A: **Ms. Miura has already left for home today. Would you like to leave a message?**

B: **Yes, please tell her that the meeting time has been changed to 2:00.**

2

A: 会社名のつづりをお伺いできますか？

B: V-W-X-Y-Z です。

A: **Could I ask how to spell your company's name?**

B: **It's V-W-X-Y-Z.**

3

A: ウェブサイトを見てお電話しました。青いグラスの在庫はありますか？

B: 確認してまいります。少々お待ちください。

A: **I'm calling after looking at your website. Do you have blue glasses in stock?**

B: **I'll check. Please hold on.**

4

A： 請求書の件で、経理の方とお話したいのですが。

B： すぐわかるものにおつなぎします。

A： **I need to speak to someone in the accounting department about an invoice.**

B： **I'll get someone for you right away.**

5

A： 弊社の営業時間は 10 時～7 時です。

B： わかりました。土曜日は開いていますか？

A： **Our business hours are from 10:00 to 7:00.**

B： **All right. Are you open on Saturdays?**

＊英語では 24 時間表記はしないので注意しましょう。午前か午後を明確に区別したい場合は 7：00 p.m. のように、a.m. / p.m. をつけます。

6

A： 念のため、地図をメールでお送りいただけませんか？

B： はい、すぐにお送りします。

A： **Could you email a map, just in case?**

B： **Okay, I'll send it right away.**

電話で用件を話している間に、一度聞いた名前をうっかり忘れてしまった場合は I'm sorry, may I have your name again, please? と再度たずねるようにしましょう。

4 その他の電話のやりとり

電話応対でよく使うその他の表現や携帯電話に関する表現も押さえておきましょう。すらすらと言えるようになるまで練習すれば、苦手意識も克服できます。

基本の単語&フレーズ

○ 1	必ず〜する	be sure to ...
○ 2	その名前の	by that name
○ 3	電話に出る	pick up
○ 4	携帯でメールを送る	text
○ 5	切れた	dead
○ 6	聞き取る	catch

基本の表現

1 必ず申し伝えます。
I'll be sure to let him know.

2 おかけ間違いかと思います。弊社にその名前の者は在籍しておりません。
I'm afraid you have the wrong number. There's no one here by that name.

3 彼女に何度もかけましたが、電話に出ません。
I tried calling her several times, but she didn't pick up.

*pick up を answer に置き換えても同じ意味になります。

4 駅に着いたら携帯にメールします。
I'll text you when I get to the station.

5 携帯の電池が切れています。
My phone battery is dead.

6 周囲の音が大きくてお名前が聞き取れないのですが。
Sorry, it's a little loud around here, so I couldn't catch your name.

基本のコミュニケーション

1

A： 留守番電話に伝言を残したので確認してほしいとお伝えいただけますか？

B： 承知しました。必ず申し伝えます。

A： **I left a voice message for him, so could you ask him to check it?**

B： **Got it. I'll be sure to tell him.**

2

A： 小林さんをお願いします。

B： このフロアにはその名前の者が2名おります。下の名前はおわかりですか？

A： **I'd like to speak to Mr. Kobayashi.**

B： **There are two people on this floor who go by that name. Do you know his first name?**

3

A： 手が離せないので、電話に出てもらえますか？

B： はい、わかりました。

A： **My hands are full. Could you pick up that call?**

B： **Sure, no problem.**

4

A: 先程携帯にメールしましたが、届きましたか？
B: 圏外でした。

A: I texted you. Have you received it?
B: I didn't have reception.

5

A: 渋谷支店の住所をお伝えいたします。ご準備はよろしいですか？
B: すみません、電池が切れそうなので固定電話からかけ直します。

A: I'll tell you the Shibuya branch's address. Are you ready?
B: Sorry, my cell phone battery is almost dead, so I'll call you back from a land-line.

6

A: すみません、聞き取れませんでした。もう一度お願いできますか？
B: はい。内線番号は1234です。

A: I'm sorry, I didn't catch what you said. Could you repeat that?
B: Sure. The extension number is 1234.

I can't hear you very well. や We seem to have a bad connection. も「電話が遠い、聞こえづらい」ということを伝える定番表現です。Can you hear me? は「（こちらの声が）聞こえますか？」という意味。

Column 2

伝言メモの書き方

Telephone Message

To: Linda ←取り次ぐ担当者の名前

From: Mr. Asano ←電話をかけてきた相手の名前

Company: ABC Company ←相手の社名

Telephone: 01-2345-6789 ←相手の電話番号

☐ **Called** ←電話しました

☐ **Returned your call** ←折り返し電話しました

■ **Please return call** ←折り返し電話ください

☐ **Will call again** ←また電話します

☐ **Sent an email** ←メールを送りました

☐ **Left a message (below)** ←伝言があります（以下）

Message ←伝言

_____

_____

Date: June 12 ← 日付　　**Time:** 12:30 ←時間

Signed: Taro ←電話を受けた者の名前

第3章

メール

Email

I'm sorry for my late reply.

chapter 3

1 メールの書き出し

英文メールは件名、起句、本文、結句、署名で構成されています。本文ではいきなり用件を伝えても問題ありませんが、これから紹介するような短い書き出し文を冒頭に入れてもいいでしょう。

基本の単語＆フレーズ

○ 1	〜にメールを送る	write to ...
○ 2	〜に紹介してもらう	be referred to ...
○ 3	連絡を取る	contact
○ 4	返事	reply
○ 5	元気である	doing well
○ 6	先日	the other day

048

基本の表現

1 御社のサービスについてお伺いしたく、メールをお送りしました。
I'm writing to ask you about your services.

---

2 ABC社の早川さまからご紹介いただきました。
I was referred to you by Mr. Hayakawa of ABC.

---

3 ご連絡をいただきありがとうございます。
Thank you for contacting me.

---

4 お返事が遅れて申し訳ございません。
I'm sorry for my late reply.

---

5 お元気でしょうか。
I hope you are doing well.
＊すでに面識がある相手に使う、書き出しの定番表現です。

---

6 先日はありがとうございました。
Thank you for the other day.

第3章 メール

049

基本のコミュニケーション

1

御社のサービスについてお伺いしたく、メールをお送りしました。パンフレットを5部送っていただけないでしょうか。

I'm writing to inquire about your company's services. Could you send us five brochures?

2

ホワイト様からご紹介いただきました。御社の新規事業についてお話を伺いたいと思っております。

I was referred to you by Ms. White. I'd like to hear about your new business.

3

6月5日に御社で開催されたカンファレンスに参加した者です。そこでお会いした営業部の方と連絡を取りたいのですが。

I participated in your company's conference on June 5th. I'd like to contact the person I met there from the Sales Department.

4

早速のお返事ありがとうございました。ご依頼の資料を本日発送いたしました。2日ほどで届くと思います。

Thank you for your quick reply. I've sent the materials you requested today. They should arrive in about two days.

5

ご無沙汰しておりますが、お元気でしょうか。来月アメリカ支社に行くので、そのときお会いできればと思っております。

It has been a while, but I hope you're doing well. I'll be visiting the US branch next month, and it would be nice if we could meet.

6

先日のランチでお会いできて光栄でした。いつかまたご一緒できることを願っております。

It was nice meeting you at lunch the other day. I hope we can do it again sometime.

メール本文の前に入る起句とは、「○○様」にあたる呼びかけのこと。Dear Mr. Davis, や Dear Ms. White: と表記するのが一般的です。担当者名が不明の場合は To whom it may concern: と書きましょう。

2 メールの結び

書き出しのあとに用件を伝えたら、結びの一文を書いてスマートに本文を締めくくります。結びの定番表現を押さえておきましょう。

基本の単語＆フレーズ

1	～から連絡をもらう	hear from ...
2	～と連絡を取る	be in touch with ...
3	もし～があれば	if you have ...
4	～していただけると幸いです	it would be great if ...
5	もしよろしければ	if you would like
6	～によろしく伝える	give my regards to ...

基本の表現

1 ご連絡をお待ちしております。

I look forward to hearing from you.

*I look forward to your reply. も同じ意味の表現です。

---

2 すぐにご連絡いたします。

I'll be in touch with you soon.

---

3 もし何か懸念があれば、下記アドレスまでご連絡ください。

If you have any concerns, please contact us using the address below.

---

4 ご都合がつき次第、お返事をいただけると幸いです。

It would be great if you could reply at your earliest convenience.

---

5 もしよろしければ、お伺いしてご説明いたします。

If you would like, I could go there and explain it to you.

---

6 ジョージさんによろしくお伝えください。

Please give my regards to George.

*「〜によろしくお伝えください」という定番表現です。

基本のコミュニケーション

1

もしご興味があれば、トライアルレッスンにお越しください。ご連絡をお待ちしております。

If you're interested, please come for a trial lesson. We look forward to hearing from you.

2

文書を受け取りました。週の終わりまでにご連絡いたします。

I've received the documents. I'll be in touch with you by the end of the week.

3

もし何かご質問があれば、お問い合わせください。お電話でもお問い合わせいただけます。

Please let me know if you have any questions. We can answer your questions by phone as well.

4

受け取った資料は、依頼したものではありませんでした。最新の情報をお送りいただけると幸いです。

The materials I received weren't what I requested. It would be great if you could send the latest information.

5

もしよろしければ、いくつかサンプルをお送りいたします。それを評価いただいた上で、ご判断ください。

We can send some samples if you would like. You can make a decision after evaluating them.

6

ご協力のおかげで、プロジェクトは成功に終わりました。みなさまにもよろしくお伝えください。

Thanks to everyone's cooperation, the project was a success. Please give my regards to them.

> 本文のあとは結句、署名と続きます。結句は「敬具」にあたる表現で、通常カンマをつけて Sincerely, のように使います。Thank you for your help. のように、ピリオドで終わる文章を入れることもあります。

3

メールで確認・依頼する

chapter 3

問い合わせ対応や資料のやりとりなど、メールで確認・依頼するときに役立つ表現です。用件をしっかり伝えるために、簡潔な文章を心がけましょう。

基本の単語&フレーズ

○ 1	転送する	forward
○ 2	添付する	attach
○ 3	目を通す	look over
○ 4	注文	order
○ 5	～を参照する	refer to ...
○ 6	遠慮なく～する	don't hesitate to ...

基本の表現

1 そのメールを転送していただけますか？

Could you please forward me that email?

---

2 添付した画像をご確認ください。

Please check the photo I attached.

---

3 こちらの価格表に目を通していただけないでしょうか？

Could you look over these price lists?

---

4 注文を取り消したいのですが。

I'd like to cancel my order.

---

5 こちらのリンクから弊社のウェブサイトを参照してください。

Please refer to our company website via this link.

*via「〜経由で、〜を通して」

---

6 ご不明な点がありましたら、遠慮なくご連絡ください。

If you have any concerns, please don't hesitate to contact us.

基本のコミュニケーション

1

メーカーから届いた情報を転送いたします。御社の企画のお役に立てばいいのですが。

I'll forward the information we received from the manufacturer. I hope it will help with your project.

2

いただいたメールにはファイルが添付されていませんでした。再送していただけないでしょうか。

The file wasn't attached to the email I received from you. Could you send me the file again?

3

注文書をお送りしますのでお目通しください。間違いや記入漏れがありましたらお知らせください。

I'll send the order form, so please look it over. Please let me know if there are any mistakes or if anything's missing.

4

弊社のホームページからご注文いただけます。こちらがオンラインストアのリンクです。

You can place an order on our company's homepage. Here's the link to our online store.

5

当サイトにご登録いただき、ありがとうございます。ご注文の手順は以下をご参照ください。

Thank you for registering on this website. Please refer to the ordering procedures below.

6

お送りした資料はお手元に届きましたでしょうか。ほかに必要なものがありましたら、遠慮なくおたずねください。

Have you received the materials we sent to you? If there is anything else you need, please don't hesitate to ask.

> 確認・依頼を促すメールの場合は、件名にもその旨を明記しましょう。
> Request for ...「〜の依頼」、Question about ...「〜についての質問」、
> Inquiry about ...「〜に関する問い合わせ」など。

4 メールであいさつ・お知らせを送る

イベントの案内や予約、長期休暇の連絡、引き継ぎのあいさつなど、直接の業務以外で役立つメール表現もチェックしましょう。

基本の単語&フレーズ

○ 1	開催する	hold
○ 2	予約	reservation
○ 3	通知	notice
○ 4	休暇	holiday
○ 5	引き継ぐ	take over
○ 6	招待する	invite

基本の表現

1 忘年会を12月26日7時から開催します。

The year-end party will be held on December 26 at 7:00.

2 2月14日のセミナーに5名で予約をお願いします。

I'd like to make a reservation for five seats for the February 14 seminar.

3 通知が遅くなり、申し訳ございません。

I apologize for the late notice.

*apologize for ...「〜に対して謝罪する」

4 弊社は8月11日〜16日まで夏期休暇をいただきます。

Our company's summer holiday will be from August 11 to 16.

5 産休に入られたメリーさんの業務を引き継ぎました。

I've taken over Mary's duties as she is on maternity leave.

6 新店舗のオープニングパーティーに招待いただきありがとうございます。

Thank you for inviting me to the opening party for the new store.

基本のコミュニケーション

1

歓迎会を行いますので、参加の可否を3月15日までに返信してください。親睦を深めるいい機会ですので、ぜひご参加ください。

We will be holding a welcome party, so please RSVP by March 15. It will be a good opportunity to get to know each other, so please join us.

*RSVPは「お返事をお願いします」という意味で、出欠等の返事を促すときに使います。

2

8月2日、2名様で予約を承りました。ご来場を心よりお待ち申し上げます。

We've confirmed your reservation for two people for August 2. We're looking forward to seeing you.

3

契約解除には、1か月前の通知が必要です。ご理解いただければ幸いです。

One month notice is required for cancelation of the contract. Thank you for your understanding.

4

明日から1週間、有給休暇をいただきます。メールはチェックしますので、重要なことがあればご連絡をお願いします。

I'll be taking a one-week paid holiday starting from tomorrow. I'll be checking my emails, so please contact me if anything important comes up.

*paid holiday「有給休暇」

5

私の業務は同じ課の田中に引き継ぐことになりました。近日中にその者から連絡いたします。

Mr. Tanaka from the same section will be taking over my duties. He will be contacting you shortly.

6

弊社の20周年記念パーティーにぜひお招きしたく存じます。入退場は自由ですので、お気軽にお越しください。

We would like to invite you to our company's 20th anniversary party. Please feel free to come and leave anytime you'd like.

休暇は、holiday のほかに vacation も使われます。Please have a nice year-end vacation.「よい休暇をお過ごしください」は、年末のあいさつの定番表現です。

Column 3

英文メールの書き方

メールは基本的に、①件名 ②起句 ③本文 ④結句 ⑤署名で構成されています。サンプルのメールで確認しましょう。

---

① Subject: Request for catalog　←件名：カタログの依頼
② Dear Mr. Brown:　←ブラウン様

③ Thank you for visiting our office yesterday. I'm interested in your products, so I'd like to ask you to send us a catalog. We need to have it by August 10, if possible.

We're looking forward to hearing from you soon.

↑昨日は弊社にお越しいただきありがとうございました。
商品に興味があるので、カタログをお送りいただけますか。できれば、8月10日までにいただけると幸いです。
ご連絡をお待ちしております。

④ Best regards,　←敬具
⑤ Jiro Yamada　←山田次郎

第4章

アポイントメント
Appointments

I'd like to meet you in person.

1 アポイントメントをとる

新規顧客への営業活動や取引先との打ち合わせなど、面会する約束を取りつけるときの表現です。さまざまな言い回しがあるので、状況に応じて使い分けましょう。

基本の単語＆フレーズ

○	1 アポイントメントをとる	make an appointment
○	2 直接	in person
○	3 立ち寄る	drop by
○	4 〜と会う	meet up with ...
○	5 設ける	arrange
○	6 調整する	adjust

基本の表現

1 ロペスさんとアポイントメントをとりたいのですが。

I'd like to make an appointment with Mr. Lopez.

---

2 直接お会いしたいのですが。

I'd like to meet you in person.

*face-to-face「直接に」という表現もあります。より真剣な話し合いのときに使われます。

---

3 そちらに立ち寄って、我々の計画をお話しできればと思っております。

It would be nice to drop by and talk with you about our project.

---

4 サンプルをお見せしたいので、お会いできませんか？

Could I meet up with you and show you some samples?

---

5 お会いする時間を設けたいのですが。

I'd like to arrange a time to meet.

*arrange を set up に置き換えて、set up a time to meet という表現もあります。

---

6 いくつか候補日をいただければ、スケジュールを調整します。

We can adjust the schedule if you give us some possible dates.

第4章 アポイントメント

基本のコミュニケーション

1

A： 営業部の方とアポイントメントをとりたいのですが。
B： 少々お待ちください。

A： **I'd like to make an appointment with someone in sales.**
B： **Please hold on a second.**

2

A： 直接お会いできないでしょうか？
B： スケジュールを確認いたします。

A： **Is it possible to meet you in person?**
B： **Let me check my schedule.**

3

A： 企画について話し合いたいです。弊社にお立ち寄りいただけますか？
B： もちろんです。資料を持ってお伺いします。

A： **I'd like to discuss the project. Could you drop by our company?**
B： **Of course. I'll bring the materials with me.**

4

A： 今週、そちらのオフィスでお会いできますか？
B： すみません、今週は時間がとれません。

A： **Could I meet up with you at your office this week?**
B： **Sorry, I don't have any time this week.**

5

A： 打ち合わせの機会を設けることはできますか？
B： 月曜日であれば、30分ほど時間がとれます。

A： **Can I arrange a meeting with you?**
B： **I'll have about 30 minutes on Monday.**

6

A： 研修のタイムテーブルを調整しました。
B： わかりました。何時に到着すればいいですか？

A： **We adjusted the timetable for the training session.**
B： **Okay, what time should I arrive?**

日本語では「アポがとれました」「アポイントはありますか？」など、appointment という単語を省略して使っていますが、これらは和製英語なのでネイティブには通じません。間違って使わないよう注意しましょう。

第4章 アポイントメント

2 日時・場所を決める

chapter 4

アポイントメントをとる際に大切なのは、「いつ」「どこで」を明確に伝えること。こちら側の希望と相手の都合をうまくすり合わせて約束を決めましょう。

基本の単語&フレーズ

○	1 決める	fix
○	2 ～に都合がいい	work for ...
○	3 あいにく	unfortunately
○	4 都合がつく	make it
○	5 ～を迎えに行く	pick ... up
○	6 都合がいい	convenient

基本の表現

1 次の打ち合わせの日程を決めましょう。

Let's fix the date of our next meeting.

*fix を set に置き換えて使っても OK です。

---

2 金曜日の 11 時ならご都合はよろしいでしょうか？

Would 11:00 on Friday work for you?

* 都合が悪いときは、That day doesn't work for me. のように否定文にして使います。

---

3 あいにく、その時間は別の約束が入っています。

Unfortunately, I have another appointment scheduled at that time.

---

4 その日は都合がつきそうにありません。

I don't think I can make it on that day.

---

5 品川駅までお迎えにあがります。

I'll pick you up at Shinagawa Station.

*「～を車で迎えに行く」と言いたい場合は pick ... up by car となります。

---

6 どちらでもご都合のいい場所にお伺いします。

I can go wherever is convenient for you.

*convenient は場所だけでなく日にちや時間にも使えます。

基本のコミュニケーション

1

A: 次回の ABC 社との打ち合わせはいつですか？
B: 5月31日に決まりました。

A: **When are we meeting next with ABC?**
B: **May 31. It's fixed.**

2

A: 木曜日か金曜日であれば都合がいいです。
B: では、木曜日の4時でお願いします。

A: **Anytime on Thursday and Friday works for me.**
B: **Okay, Thursday at 4:00 then.**

3

A: 来週は空いていますか？
B: あいにく、来週はずっと忙しいです。

A: **Are you available next week?**
B: **Unfortunately, I'm busy all next week.**

4

A: 月曜日は都合がつきません。水曜日の午後はいかがですか？
B: ではそうしましょう。

A: **I can't make it on Monday. How about Wednesday afternoon?**
B: **Let's go with that.**

5

A: では、8時に空港まで迎えにきていただけますか？
B: 承知しました。お気をつけてお越しください。

A: **Could you pick me up at the airport at 8:00?**
B: **Sure. Have a safe flight.**

6

A: 何時ならご都合がよろしいですか？
B: 午後だと助かります。

A: **What time would be convenient for you?**
B: **Sometime in the afternoon would be good.**

> 相手の予定を確認したいときは suit「都合がいい」という単語を使い、Could you give me some times that suit you?「都合のいいお時間の候補をいくつか教えていただけますか？」とたずねることもできます。

3

約束を変更する

日時や場所の変更が必要な場合は、直ちに相手に連絡を入れましょう。could や would を使って、丁寧にスケジュールの調整を依頼します。

基本の単語&フレーズ

○ 1	予定を変更する	reschedule
○ 2	延期する	postpone
○ 3	～ではなく	instead of ...
○ 4	～の上旬	first part of ...
○ 5	手が離せない	be tied up
○ 6	変更する	move

基本の表現

1 打ち合わせを来週に変更できますか？

Could we reschedule the meeting to next week?

---

2 企画会議を数日延期することは可能でしょうか？

Would it be possible to postpone the planning meeting for a few days?

---

3 待ち合わせ場所を名古屋駅ではなくABCホテルに変更できますか？

Could we change the meeting place to ABC Hotel instead of Nagoya Station?

---

4 4月上旬から下旬に変更していただけないでしょうか？

Could you change it from the first part of April to the last part of the month?

---

5 今日は手が離せないので、打ち合わせは明日にしてもらえませんか？

I'm tied up for today, so could we have the meeting tomorrow?

---

6 イベントを来月に変更してもよろしいですか？

Would it be okay to move the event to next month?

基本のコミュニケーション

1

A: 雪の影響で今日は新幹線が動いておりません。
B: そうなんですか？ では、会議の予定を変更しましょう。

A: **The Shinkansen has stopped running today due to snow.**
B: **Oh, really? Let's reschedule our meeting.**

2

A: 明日の会議は来週水曜日に延期されました。
B: 時間はそのままでしょうか？

A: **The meeting tomorrow has been postponed to Wednesday next week.**
B: **Should we meet at the same time?**

3

A: 渋谷支社ではなく、新宿支社にお越しいただきたいのですが。
B: わかりました。新宿の方が近いので、こちらも助かります。

A: **I'd like you to come to our Shinjuku branch instead of the Shibuya one.**
B: **Okay. Shinjuku is closer, so that's better for me.**

4

A: 打ち合わせの件で電話があったようですね。
B: ええ、9月上旬に変更したいとのことです。

A: **There was a phone call about the meeting.**
B: **Right, it's about changing it to the first part of September.**

5

A: 今手が離せません。打ち合わせを30分後にしてもらえませんか？
B: いいですよ。準備ができたら声をかけてください。

A: **I'm tied up at the moment. Could we have the meeting in 30 minutes?**
B: **All right. Let me know when you're ready.**

6

A: 打ち合わせを1時から3時に変更することは可能ですか？
B: すみませんが、3時は先約があります。

A: **Is it possible to move the meeting from 1:00 to 3:00?**
B: **Sorry, I have a prior appointment at 3:00.**

---

move には「物を動かす、引越しをする」などに加え、「予定を動かす、日時をずらす」という意味もあります。スケジュール調整の際に使える便利な表現なので覚えておきましょう。

4

約束をキャンセルする

やむをえない理由でどうしても行けない場合は約束をキャンセルしなければなりません。状況を説明する表現も確認しておきましょう。

基本の単語&フレーズ

○ 1	緊急の	urgent
○ 2	急用ができました。	Something came up.
○ 3	出張	business trip
○ 4	長引く	run late
○ 5	途中で	on one's way
○ 6	〜の代理をする	fill in for ...

基本の表現

1 緊急に対応しなければならないことがあり、出席できません。

I won't be able to attend because there's something urgent I need to do.

---

2 すみませんが、本日のランチミーティングに伺えません。急用ができました。

Sorry, I can't go to the lunch meeting today. Something just came up.

---

3 その日は出張のため、お約束をキャンセルしなければなりません。

I have a business trip on that day, so I need to cancel our appointment.

---

4 約束が長引いています。

My appointment is running late.

*run late は人や物、イベントなどに対して使います。[I'm / The train / The meeting] is running late.

---

5 御社に向かう途中で急に電車が止まってしまいました。

The train suddenly stopped on my way to your office.

---

6 今日は別件があります。私の代理をしていただけないでしょうか？

I have another appointment today. Could you fill in for me?

基本のコミュニケーション

1
A: 緊急の課題に取り組んでおり、月例会議に出席できません。
B: わかりました。上司に伝えておきます。

A: I'm dealing with an urgent problem, so I can't attend the montly meeting.
B: Okay, I'll let the boss know.

2
A: 急用ができました。今日の会議は欠席します。
B: わかりました。

A: Something came up. I'll be absent from today's meeting.
B: I understand.

3
A: 出張でベトナムに行くことになり、来週の約束をキャンセルしなければいけないのですが。
B: 日本に戻ってきたらお時間をいただけますか?

A: I have to go to Vietnam on a business trip, so I need to cancel our appointment next week.
B: Could we meet when you come back to Japan?

4

A: 他社との会議が長引いています。今日は参加できないと思います。
B: そうですか、では他の日にしましょう。

A: My meeting with another company is running late. I don't think I can join you today.
B: Okay, then let's try another day.

5

A: 途中で渋滞に巻き込まれ、約束の時間に到着できません。
B: 連絡が来て安心しました。日を改めましょう。

A: I got stuck in traffic on my way and I won't get there on time.
B: I'm glad you called. Let's meet on another day.

6

A: 今日の午前中は空いています。
B: では、私の代理でカンファレンスに出ていただけませんか？

A: I'm open in the morning today.
B: In that case, could you fill in for me at the conference?

約束をキャンセルして相手に迷惑をかける場合は、必ず謝罪の言葉を添えましょう。定番のI'm sorry. に really や terribly を追加すると、より深い反省の意を示すことができます。例：I'm really sorry.

Column 4

押さえておきたい経済用語

　新聞やニュースに出てくる経済用語を英語で言えますか？取引先との会話で、経済の話題が出てもあわてないために、最低限の語彙はチェックしておきたいもの。（　　）の中に入る語を考えてみましょう。

円高	(　　) yen
円安	(　　) yen
景気回復	economic (　　)
景気後退	economic (　　)
景気動向	economic (　　)
経済協力	economic (　　)
経済制裁	economic (　　)

　正解は上から順に、strong、weak、recovery、recession、trend、cooperation、sanctions です。知っている語彙が増えれば、難易度が高い英語のニュースや経済の話題もより身近に感じられるはず。コツコツ語彙力UPを目指しましょう。

第 5 章

会 議

Meetings

Why don't we summarize today's meeting?

chapter 5

1
会議の事前準備をする

会議室の予約や配布資料の手配、会議出席者への呼びかけ、締め切りの連絡など、会議の事前準備にまつわる表現を確認しましょう。

基本の単語&フレーズ

○ 1	予約する	reserve
○ 2	議題	agenda
○ 3	企画書	proposal
○ 4	締め切り	deadline
○ 5	部	copy
○ 6	出席者	attendee

基本の表現

1 A会議室を予約したので、11時にお集まりください。

I've reserved Room A, so let's get together at 11:00.

- -

2 議題の修正は、明日の12時まで受け付けます。

We can accept revisions to the agenda up until 12:00 tomorrow.

- -

3 会議で配布する企画書です。事前にご確認をお願いします。

This is the proposal we'll give out at the meeting. Please look it over in advance.

- -

4 締め切りに絶対遅れないようにしてください。

Make sure you don't miss the deadline.

- -

5 この報告書を50部コピーしていただけますか？

Could you make 50 copies of this report?

*コピーを1枚だけとってほしい場合はCould you make a copy? / Could you copy this? となります。

- -

6 出席者リストを用意してください。

Please prepare a list of the attendees.

*absentee「欠席者」

- -

第5章　会議

基本のコミュニケーション

1
A: 11月15日に大会議室を予約していただけますか？
B: わかりました。どの時間帯がいいですか？

A: **Could you reserve a large meeting room on November 15th?**
B: **Certainly. What block of time would be best?**

2
A: 議題を全員にメールしていただけますか？
B: すぐにお送りします。

A: **Could you email the agenda to everyone?**
B: **I'll send it right away.**

3
A: 企画書をお送りいただき、ありがとうございました。
B: 会議までに、必ず目を通しておいてください。

A: **Thank you for sending the proposal.**
B: **Make sure you look it over before the meeting.**

4

A: 提出締め切りはいつですか？
B: 来週金曜日の5時までです。

A: **When is the deadline for submission?**
B: **It's next Friday at 5:00.**

5

A: パンフレットが2部足りないのですが。
B: ここに予備があります。

A: **We need two more copies of the pamphlet.**
B: **Here are some extras.**

6

A: 出席者リストはどこにありますか？
B: 受付の方にお渡ししました。

A: **Where's the list of attendees?**
B: **I gave it to the receptionist.**

「議題」を表す単語は、agenda 以外に topic や issue などがあります。Today's topic is ...「今日の議題は～です」、We need to cover three issues.「3つの議題を話し合う必要があります」。

2
会議を進行する

資料の説明、会議の目的の伝達、時間の管理など、会議の進行役を任されたときに役立つ表現です。そのまま覚えて使ってみましょう。

基本の単語＆フレーズ

○ 1	進行役	facilitator
○ 2	配布資料	handout
○ 3	商品	product
○ 4	予定より遅れて	behind schedule
○ 5	本題	main issue
○ 6	休憩	break

基本の表現

1 本日の会議で進行役を務めます。

I'll be the facilitator at today's meeting.

＊セミナーや会議などの進行役はfacilitator、パーティー等のイベントの司会者はemceeです。

---

2 本日お渡しした配布資料の説明をいたします。

I'd like to explain the handouts I gave you today.

---

3 本日の会議の目的は新商品についての話し合いです。

The purpose of today's meeting is to talk about our new product.

---

4 予定より2時間遅れています。

We're two hours behind schedule.

＊予定よりも早く進んでいる場合はahead of scheduleとなります。

---

5 本題に戻りましょう。

Let's get back to the main issue.

＊Let's get back on track. という表現も同じ意味でよく使われます。

---

6 少し休憩を取りましょう。11時までにお戻りください。

Let's take a break and try to be back by 11:00.

基本のコミュニケーション

1

A： こちらが、本日の進行役の米山です。
B： 営業部の米山花子です。では、さっそく始めましょうか？

A： **This is today's facilitator, Ms. Yoneyama.**
B： **I'm Hanako Yoneyama from the Sales Department. Shall we start now?**

2

A： 配布資料がお手元にない方は挙手してください。
B： 私に資料を回していただけますか？

A： **Please raise your hand if you don't have a handout.**
B： **Could you pass one to me?**

3

A： 新商品の売り上げはいかがですか？
B： 最新の報告書によると、昨年から20％売り上げが伸びました。

A： **How is the new product doing?**
B： **According to the latest report, sales have increased by 20 percent from last year.**

4

A: 彼らの到着が予定より少し遅れています。彼らなしで会議を始めましょう。

B: そうですね。時間が限られているので始めましょう。

A: **They're running a little behind schedule. Let's start the meeting without them.**

B: **Okay, the time is limited, so let's get started.**

5

A: 話が本題からそれています。それは今日の議題と関係ありません。

B: そうでしょうか？ 価格についても今日話し合うべきです。

A: **We're deviating from the main issue. This has nothing to do with today's topic.**

B: **You think so? We need to discuss the price today as well.**

6

A: 休憩時間は終了です。再開しましょう。

B: まだリンダさんが席に戻っていません。

A: **The break is over. Let's get started again.**

B: **Linda hasn't returned to her seat yet.**

> 出席者がそろってきたタイミングで、Shall we start now?「始めましょうか？」、All right, let's begin.「それでは始めましょう」、Is everyone here?「みなさんそろいましたか？」などと一声かけてから会議を始めるといいでしょう。

3 会議で話し合う

自分の意見を述べる、相手の意見に賛成(反対)する、提案するなど、話し合いの場で必要な言い回しをチェックしましょう。

基本の単語&フレーズ

○ 1	予算	budget
○ 2	戦略	strategy
○ 3	削減する	reduce
○ 4	～に同意する	agree with ...
○ 5	提案	suggestion
○ 6	顧客	customer

基本の表現

1 来年度の予算の内訳は次のページをご覧ください。
The next page shows a breakdown of the budget for next year.

2 より効果的な広告戦略を検討する必要があります。
We need to consider a more effective advertising strategy.

3 流通コストを大幅に削減できます。
We can greatly reduce distribution costs.

*distribution costs「流通コスト、物流費」

4 トムさんの意見に同意します。とても画期的なアイデアですね。
I agree with Tom. This is a ground-breaking idea.

*ground-breaking「画期的な、革新的な」

5 私の提案を聞いてください。街頭アンケートをとるのはどうでしょうか？
Let me tell you about my suggestion. How about we do a street survey?

6 流行に敏感な女性顧客が獲得できれば、売上は増えるはずです。
If we can gain more trend-sensitive female customers, our sales should increase.

基本のコミュニケーション

1

A: 新規プロジェクトの予算について意見がある方はいらっしゃいますか？
B: 製作費が少なすぎると思うのですが。

A: **Does anyone have any comments about the budget for the new project?**
B: **I think the production budget is too low.**

2

A: 市場調査の結果に基づいて、このような販売戦略を考案しました。
B: 戦略について質問があります。無料クーポンは全員に配布しますか？

A: **Based on the results of our market research, we've devised this sales strategy.**
B: **I have a question about the strategy. Will we distribute the free coupons to everyone?**

3

A: この数字は今年の売上を表しています。
B: 利益率がとても低いですね。かなりの経費を削減する必要があります。

A: **This figure shows our sales for this year.**
B: **The profit ratio is very low. We need to sharply reduce our expenses.**

4
A: 申し訳ありませんが、料金の値引きには同意できません。
B: 率直なご意見ありがとうございます。何か代替案はありますか？

A: I'm sorry, but I don't agree with discounting the fee.
B: I appreciate your frank opinion. Do you have an alternative suggestion?

5
A: 月例会議について、何か提案はありますか？
B: 出席率が悪いので、時間を変更すべきです。

A: Do you have any suggestions for the monthly meeting?
B: The attendance rate is poor, so we should change the time.

6
A: このサービスのターゲット顧客を決めなければいけません。
B: 実は、30代の男性客を想定しています。

A: We have to determine the target customers for this service.
B: Actually, we've been assuming that the customers are men in their 30s.

会議で発言するタイミングがうまくつかめないときは、Can I say just one thing?「ひとつだけよろしいですか？」、Just a quick question. 「ちょっと質問です」などと切り出してみましょう。

4 会議をまとめる

会議の締めくくりで使う表現です。議論した内容の整理や採決、議事録についての連絡など、最後をしっかりまとめて進行役の任務を終えましょう。

基本の単語&フレーズ

○ 1	要約する	summarize
○ 2	持ち帰る	take back
○ 3	終わりにする	finish up
○ 4	決を採る	take a vote
○ 5	議事録	minutes
○ 6	意見	feedback

基本の表現

1 本日の会議をまとめましょう。

Why don't we summarize today's meeting?

*Why don't we ...?「〜しましょう、〜しませんか？」

---

2 一度社に持ち帰らせてください。

Let me take this back to the office.

---

3 このへんで終わりにしましょう。

Let's finish up here.

*Let's wrap things up.「終わりにしましょう」もビジネスシーンでよく使われます。

---

4 無記名で決を採ります。

We'll be taking a secret vote.

*secret vote「無記名投票」

---

5 議事録はみなさまにメールでお送りいたします。

I'll email the minutes to everyone.

---

6 私に何かご意見をいただけますでしょうか？

Could you give me some feedback?

第5章 会議

基本のコミュニケーション

1

A: 要約すると、本日は次の3点を決定しました。予算、採用計画、春のキャンペーンです。

B: 有意義な打ち合わせでした。

A: **To summarize, we finalized the following three things: the budget, the recruitment plan and the spring campaign.**

B: **This was a worthwhile meeting.**

2

A: 私には決定権がありませんので、持ち帰って上司に相談させてください。

B: いつ頃お返事をいただけますでしょうか？

A: **I don't have the power to make this decision, so let me take it back and discuss this with my boss.**

B: **When might I be able to receive a reply?**

3

A: 質問がなければ終わりにしましょう。

B: すみません、最後にひとつだけおたずねしたいのですが。

A: **If there aren't any questions, let's finish up.**

B: **Sorry, I'd just like to ask one more thing.**

4

A： この件について採決をとりましょうか？　賛成の方は挙手してください。

B： 賛成派が多いですね。

A： **Should we take a vote on this topic? All in favor, raise your hands.**

B： **The ayes have it.**

*The ayes have it. は「賛成多数」という意味の決まり文句です。カジュアルに言いたいときは、There are more supporters. や The supporters have a majority. という表現もあります。

- -

5

A： なるべく早く議事録をお送りいたします。

B： 急がなくても結構です。

A： **I'll send the minutes as soon as possible.**

B： **There's no rush.**

- -

6

A： 我々の企画について何かご意見はありますか？

B： お昼を食べながらそれについてお話ししましょう。

A： **Do you have any feedback for our project?**

B： **Let's talk about it over lunch.**

会議終了後は Thank you for coming. や Thank you for your time today. など、集まってくれたことや時間を割いてもらったことへの感謝を伝えて見送るといいでしょう。

099

Column 5

数字を読んでみよう！

　数字は3桁ごとにカンマをつけて区切ります。カンマの数が1つ増える太字部分で単位が変わり、読み方も変化します。

百 100　　one hundred
千 1,000　　**one thousand**
一万 10,000　　ten thousand
十万 100,000　　one hundred thousand
百万 1,000,000　　**one million**
一千万 10,000,000　ten million
一億 100,000,000　　one hundred million
十億 1,000,000,000　　**one billion**
百億 10,000,000,000　　ten billion
一千億 100,000,000,000　　one hundred billion
一兆 1,000,000,000,000　　**one trillion**

カンマの部分に「million」や「thousand」など、それぞれの単位を入れると読みやすくなります。例えば「123,456,789」は one hundred twenty-three million, four hundred fifty-six thousand, seven hundred eighty-nine となります。

第6章

商 談
Business talk

Let's confirm what we've agreed on.

Okay, sure.

1 商品・サービスを説明する

自社商品やサービスをクライアントに売り込むときの表現です。商談成立を目指し、商品の特徴や他社との違い、おすすめポイントなどをアピールしましょう。

基本の単語&フレーズ

○	1 発売する	launch
○	2 改善する	improve
○	3 提供する	offer
○	4 視野に入れる	set one's sights on
○	5 比較する	compare
○	6 競合他社	competitor

基本の表現

1 7月7日に新商品を発売します。リーフレットに詳細が載っています。

We're launching a new product on July 7. The details are in this leaflet.

2 Tシャツの生地の耐久性を改善しました。手に取ってみてください。

The durability of the T-shirt material has been improved. See how it feels.

3 キャンペーン中は、ひと月半額でご提供いたします。

We're offering it at half price for a month during the campaign.

4 海外展開を視野に入れ、計画を進めています。

We're moving ahead with our plan and setting our sights on overseas expansion.

5 以前の学習システムと比較してください。

Please compare it with the previous education systems.

6 弊社独自のサービスです。競合他社に負けない自信があります。

This is our company's unique service. We're confident that it's better than what our competitors offer.

基本のコミュニケーション

1

A: 新シリーズはいつ発売する予定ですか？

B: 今年の秋を予定しています。「3個購入すると1個無料でプレゼント」というキャンペーンを検討しています。

A: **When are you going to launch your new series?**

B: **We're aiming for this fall. We're thinking about a buy three, get one free campaign.**

2

A: 御社の新サービスはどのように改善されたのですか？

B: まず1点目は、データ容量が2倍になりました。

A: **How have you improved your new service?**

B: **First of all, we've doubled the data capacity.**

3

A: こちらの新しい電話は、3カ月間無料でご提供できます。

B: そうですか。簡単に使い方を説明していただけませんか？

A: **We can offer you this new phone for free for three months.**

B: **I see. Could you give me a simple explanation on how to use it?**

104

4

A: 外国人観光客の誘致を視野に入れる必要があります。
B: 一体なぜか理由を聞かせていただけますか？

A: **We need to set our sights on attracting foreign tourists.**
B: **Could you tell me exactly why?**

5

A: すでに他の電話会社と契約しているので、結構です。
B: 料金だけでも比較してください。きっと考え直していただけます。

A: **We already have a contract with another telephone company, so we'll have to say no.**
B: **If you compare only the prices, I'm sure you'll reconsider.**

6

A: 競合他社が多い中、御社と契約するメリットは何ですか？
B: ネットワークが非常に安定しており、信頼性があります。

A: **You have a lot of competitors, but what's the advantage of going with your company?**
B: **Our network is really stable and reliable.**

自分が説明した内容が相手にきちんと伝わったかを確認したいときは、make sense「意味をなす」を使って Is my explanation making sense?「私の説明でご理解いただけましたか？」とたずねましょう。

2 価格・納期を交渉する

見積りを依頼したり、価格や支払条件などを確認するときの表現です。実際に契約するかどうかを決める判断材料になりますので、しっかり要望を伝えることが大切です。

基本の単語&フレーズ

◯ 1	見積り	estimate
◯ 2	含める	include
◯ 3	支払条件	payment terms
◯ 4	前倒しする	move up
◯ 5	値段を下げる	lower the price
◯ 6	大口注文	bulk order

基本の表現

1 では、この企画書をもとに見積りをお送りします。

Okay, I'll send an estimate based on this proposal.

---

2 全部を含めると、おいくらですか？

With everything included, what would be the price?

*with everything included「全部を含めて、込みこみで」

---

3 支払条件について、いくつか質問があります。

I have a few questions about the payment terms.

---

4 納品日を1週間前倒していただけますか？

Could you move up the delivery date a week?

*delivery date「納品日」

---

5 もう少し値段を下げていただけませんか？

Could you lower the price a bit?

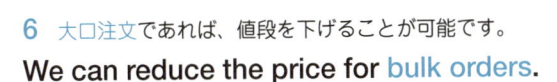

---

6 大口注文であれば、値段を下げることが可能です。

We can reduce the price for bulk orders.

*reduce the price も「値段を下げる」という意味です。

基本のコミュニケーション

1

A: J-1型ノートパソコン20台分の見積りを送っていただけますか？
B: 社に戻り次第、すぐにお送りいたします。

A: **Could you send me an estimate for 20 J-1 notebook computers?**
B: **I'll send it to you as soon as I get back to the office.**

2

A: こちらの料金には送料も含まれていますか？
B: 申し訳ありませんが、送料が抜けております。

A: **Is shipping included in this price?**
B: **I'm afraid the price doesn't include shipping.**

3

A: 残念ながら、これでは予算オーバーです。
B: 支払条件によっては、今よりお安い金額をご提示できます。

A: **I'm afraid this is over my budget.**
B: **Depending on payment terms, we can offer it to you at a lower price.**

4

A: あいにく、計画の締切を早めることはできません。
B: 難しいのは重々承知していますが、どうか再考していただきたいのです。

A: **I'm afraid we can't move up the project deadline.**
B: **I know it's difficult, but we'd really like you to reconsider.**

5

A: 値段を下げてくれたら、御社との契約を延長してもいいのですが。
B: 上司を説得してみます。

A: **If you could lower the price, we would be able to extend our contract.**
B: **I'll try to talk my boss into it.**

6

A: 予定外の大口注文が入り、2日遅れてしまいそうです。
B: それは困ります。当初のお約束通り今週の月曜日に納品してください。

A: **We got an unexpected bulk order, and now it looks like we're going to be two days late.**
B: **That won't work for us. We need you to deliver it this Monday as originally promised.**

「値段を下げる、まける」という表現はほかに come down、knock down などがあります。また、... or more「～以上」、... or less「～以下」、less than ...「～未満」など数量を表す表現も押さえましょう。

3 商談が成立する

晴れて商談成立です。取引先と良好な関係を築くためにも、契約内容は細かな点までチェックが必要です。そんなときに使える表現を見ていきましょう。

基本の単語&フレーズ

○ 1	確認する	confirm
○ 2	契約	contract
○ 3	納品する	deliver
○ 4	署名する	sign
○ 5	期日	due date
○ 6	単価	unit price

基本の表現

1 詳細を確認していただけますか？

Could you confirm the details?

2 2年契約を考えています。

We're interested in a two-year contract.

3 注文品は必ず来週納品してください。

Please make sure the order is delivered next week.

4 契約書を2部お送りしました。ご署名の上、1部をご返送ください。

I sent you two copies of the contract. Please send one back to me after signing them.

5 申込期日は本日から7日以内です。

The application due date is seven days from today.

6 単価の安さと顧客サービスに惹かれ、御社を選びました。

We decided to go with you because of your low unit prices and customer service.

第6章 商談

111

基本のコミュニケーション

1

A: 合意した事柄を確認しておきましょう。
B: ええ、そうしましょう。

A: **Let's confirm what we've agreed on.**
B: **Okay, sure.**

2

A: 契約を更新したいと思っております。
B: ありがとうございます。さらにお役に立てるよう、最善を尽くします。

A: **We'd like to renew the contract.**
B: **Thank you. We'll do whatever we can to be of service.**

3

A: どのくらいで納品することができますか？
B: 1週間ほどでお届けできます。

A: **How soon can you deliver it?**
B: **We can get it to you in about one week.**

第6章 商談

4
A: この内容でよろしければ、こちらに署名してください。
B: 社名も必要ですか？

A: **If everything is in order, please sign here.**
B: **Do you need our company name?**

5
A: いつまでにお支払いすればよろしいですか？
B: 支払期日は出荷後30日となっております。

A: **By when do we need to pay?**
B: **The payment due date is 30 days after shipment.**

6
A: 4月中にご契約された場合、単価が5％引きとなります。
B: すぐに注文します。

A: **If you sign the contract in April, we can take five percent off the unit price.**
B: **Okay, I'll place an order now.**

「商談成立です」という意味の表現には、It's a deal. や Let's shake on it. などがあります。

113

chapter 6

4 商談が失敗する

商談がまとまらなかった相手でも、将来仕事に結びつく可能性が０％とは限りません。相手への気遣いも感じられる断り方を身につけましょう。

基本の単語＆フレーズ

○ 1	〜と取引する	make a deal with ...
○ 2	状況	situation
○ 3	遠慮する	pass
○ 4	いい結果が出る	work out
○ 5	交渉	negotiation
○ 6	希望に沿う	meet one's expectations

基本の表現

1 すでに他の通信会社と取引しているので、今回はお断りします。
We've already made a deal with another telecom company, so we'll need to pass for now.

2 弊社の状況が変わりましたらご連絡いたします。
If our situation changes, we'll contact you.

3 今回は遠慮したいのですが。
I think we'll have to pass this time.
*can't を使うよりもソフトな断り方です。

4 いい結果が出ず、申し訳ありません。
I'm sorry things didn't work out.
*work out を go well に言い換えて使うこともできます。

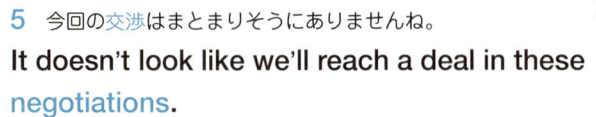

5 今回の交渉はまとまりそうにありませんね。
It doesn't look like we'll reach a deal in these negotiations.

6 残念ですが、御社のご希望に沿うことができません。
I'm sorry we can't meet your expectations.

基本のコミュニケーション

1

A： この価格では採算がとれないので、取引することはできません。
B： それは残念です。

A： **We can't make a profit at this price, so we can't make a deal with you.**
B： **That's unfortunate.**

2

A： すぐに状況は変わると思いますが、今は無理なんです。
B： 承知しました。資料は送り続けたいと思います。

A： **I think the situation will change soon, but as of now we can't say yes.**
B： **I understand. We would like to continue sending you information.**

3

A： スケジュールが厳しいので遠慮します。
B： また何かありましたらご連絡ください。

A： **We'll have to pass because of the tight schedule.**
B： **Please contact us if there's anything we can do.**

4

A: 先週お送りした企画書はご覧いただけましたか？
B: あれではいい結果は出ないと思います。

A: **Did you have a look at the proposal we sent last week?**
B: **I don't think that will work out.**

5

A: 修正した見積りをお持ちしました。再度目を通していただけませんか？
B: これ以上交渉を重ねても、結論は同じです。

A: **I have the revised estimate with me here. Could you have another look at it?**
B: **Even if we continue negotiations, the result will be the same.**

6

A: 御社のご希望に沿うことはできません。
B: では、また新しいプランが出たらご案内したいと思います。

A: **I'm afraid we won't be able to meet your expectations.**
B: **Okay, but if we have a new plan, we'd like to present it to you.**

---

reach an agreement「合意に達する」というフレーズを用いた We can't reach an agreement on the delivery date.「その納期では合意に達することができません」という表現もよく使われます。

Column 6

数字を書いてみよう！

　数字の表記は、ピリオドで区切る場合とカンマで区切る場合があります。

・123万ドル
ピリオドで区切る場合：$1.23 million　（小数点を表す）
カンマで区切る場合：　$1,230,000　（桁を表す）

　ドルは one dollar（1ドル）、two dollars（2ドル）のように、数字が複数になると dollar も複数形の dollars になります。ところが yen の場合は、two yens ではなく two yen のまま。同じ金額を表す単位でも、複数形にはならないという点に注意しましょう。

　また、one dollar、two dollars のように1桁（one から nine）の場合はスペルアウトし、2桁以上は数字で表記するのが一般的です。あわせて覚えておきましょう。

・5人の従業員　（△）5 employees　（○）five employees
・55箱　（△）fifty five boxes　　（○）55 boxes

第7章

トラブル
Trouble

I'm sorry for the inconvenience.

1 クレームを伝える

chapter 7

注文どおりに商品が届かない、商品に欠陥があるといった場合には、相手の不備を指摘しなければいけないことも。何にどう困っているかを明確に伝えるようにしましょう。

基本の単語＆フレーズ

1	間違った	wrong
2	届く	arrive
3	欠陥がある	defective
4	不足している	missing
5	壊れた	broken
6	無礼な	rude

基本の表現

1 間違った商品を受け取りました。注文したものは型番 123 です。

I got the wrong item. What I ordered was model #123.

---

2 1週間前に注文しましたが、まだ届いていません。

I placed my order a week ago, but it still hasn't arrived.

---

3 半分以上の商品に欠陥があります。

More than half of the items are defective.

*defective と同じ意味の faulty という単語も押さえておきましょう。

---

4 いくつかの部品が不足しているのですが。

Some of the parts are missing.

---

5 商品がいくつか壊れています。きちんと梱包されていませんでした。

Some items are broken. I don't think they were packaged properly.

---

6 販売員が非常に無礼でした。

The sales staff were extremely rude to me.

*extremely「非常に、とても」

基本のコミュニケーション

1

A: 間違った商品を送ってくるのはこれで2度目です。
B: 大変申し訳ございません。すぐに正規の商品をお送りします。

A: This is the second time you've sent us the wrong item.
B: We're very sorry about this. We'll send you the correct one immediately.

2

A: 昨日届くというお約束でしたが、まだここにありません。
B: 至急、運送業者に確認いたします。

A: You promised it would arrive yesterday, but it still isn't here.
B: I'll check with the shipping company right away.

3

A: この欠陥商品はどうすればいいですか？
B: お手数ですが、着払いで弊社に送り返していただけますか？

A: What should I do with this defective item?
B: Sorry for the trouble, but could you send it pay-on-delivery to us?

4

A： いくつ商品が不足しているのか教えていただけますか？
B： 5個足りません。

A： Could you tell me how many items are missing?
B： We're missing five items.

5

A： 注文したお皿を受け取りましたが、10枚中2枚割れていました。
B： ご迷惑をおかけして申し訳ございません。いかがいたしましょうか？

A： I received the plates I ordered, but two of the ten are broken.
B： I'm really sorry for the trouble. What can I do for you?

6

A： 担当者がかなり無礼です。できれば前任者に戻してほしいのですが。
B： 上の者に電話を換わりますのでお待ちください。

A： The person in charge is rather rude. If possible, I'd like to go back to the previous person.
B： I'll call my supervisor. Just one moment.

クレームの内容を伝えたら、その後の対応についても確認しましょう。By when can you replace them?「いつまでに交換してもらえますか？」、We need you to deliver it by tomorrow.「明日までに届けてもらわないと困ります」。

2 クレームに対応する

クレームを受けたときは冷静に状況を把握し、誠意をもって対応しなければなりません。いざというときにあわてないよう、クレーム対応の表現は予め覚えておきましょう。

基本の単語&フレーズ

1 不便	inconvenience
2 〜を調べる	look into ...
3 調査中で	under investigation
4 交換品	replacement
5 品質	quality
6 解決、解決策	solution

基本の表現

1 ご不便をおかけして申し訳ございません。

I'm sorry for the inconvenience.

*inconvenience を trouble に置き換えても OK。

---

2 それについてお調べして、担当者からご連絡させます。

I'll look into it and have the person in charge call you.

---

3 その件については、現在調査中です。

The matter is now under investigation.

---

4 交換品は弊社負担で至急お送りいたします。

We'll send a replacement at our expense immediately.

---

5 サンプル品よりも商品の質が悪いです。

The quality of the product is worse than the sample.

---

6 明日までに状況を打開し、解決に向けて努力いたします。

We're working toward a solution and expect to resolve the situation by tomorrow.

第7章 トラブル

基本のコミュニケーション

1

A: 明日までにそれを受け取らなければならないのですが。
B: ご不便をおかけして申し訳ございません。

A: **We have to receive it by tomorrow.**
B: **We're really sorry for the inconvenience.**

2

A: 請求書の総額が間違っています。
B: すぐにお調べして、折り返しお電話いたします。

A: **The total on the invoice is wrong.**
B: **I'll look into it right away and call you back.**

3

A: 出荷が遅れた原因を現在調査中です。もうしばらくお時間をいただけないでしょうか？
B: わかりました。原因がわかり次第すぐにご連絡ください。

A: **The late shipment is under investigation. Could you wait for a little longer?**
B: **I understand. Please contact us as soon as you find out the cause.**

4

A: 今日受け取った商品が破損しているのですが。
B: 申し訳ございません。本日交換品を発送いたします。

A: **The item I received today is broken.**
B: **We're very sorry about that. We'll ship a replacement today.**

5

A: 品質管理はどうなっているのですか。
B: 生地によって、若干の色の違いがあることはカタログに明記しております。

A: **I'm wondering about the quality control there.**
B: **We mentioned in the catalog that the color differs a little depending on the fabric.**

6

A: 直接御社にお届けするというのはいかがでしょうか？
B: それが最善の解決策ですね。

A: **How about if we deliver it directly to your company?**
B: **That would be the best solution.**

I'll check it out immediately.「早急に確認いたします」、I'll make sure it doesn't happen again.「二度とこのようなことが起こらないようにいたします」といった表現も押さえておきましょう。

3

OA 機器のトラブル

日々の業務に欠かせないパソコンやプリンターにトラブルはつきもの。会社の同僚や業者の人に説明するときの表現を確認しましょう。

基本の単語&フレーズ

○	1 フリーズする	freeze
○	2 電源を入れる	turn on
○	3 インターネットに接続する	connect to the Internet
○	4 切れる	run out
○	5 詰まる	jam
○	6 修理する	repair

基本の表現

1 このファイルを開こうとすると、パソコンがフリーズします。

My computer freezes when I try to open this file.

---

2 このパソコンの電源が入りません。

This computer won't turn on.

*turn on の代わりに start を使って The computer won't start. と表現することもできます。

---

3 インターネットに接続できません。

I can't connect to the Internet.

*I can't get online. も同じ意味の表現です。

---

4 トナーが切れたようです。

It seems like the toner has run out.

*It seems like we are out of toner. も同じ意味の表現です。

---

5 コピー機がまた紙詰まりしました。

The copy machine is jammed again.

---

6 カラープリンターが壊れました。修理するのにいくらかかりますか？

The color printer broke down. How much will it cost to repair?

第7章 トラブル

基本のコミュニケーション

1

A: パソコンの調子が悪いんですか？
B: ええ。またフリーズしています。再起動しないといけません。

A: **Is your computer having problems?**
B: **Yes, it's frozen again. I need to restart it.**

*be frozen または froze で、フリーズした状態であることを表すことができます。

2

A: パソコンの電源が入りません。ちょっと見ていただけませんか？
B: いいですよ。

A: **My computer won't turn on. Could you have a look at it?**
B: **Okay, sure.**

3

A: パソコンがインターネットに接続できません。
B: 私のパソコンは問題ありませんよ。

A: **My computer isn't connecting to the Internet.**
B: **Mine is fine.**

4

A: 黒と黄色のトナーがなくなりそうです。
B: では、今日注文しておきます。

A: **We're running out of black and yellow toner.**
B: **Okay, I'll place an order today.**

5

A: スキャナーが紙詰まりしたようです。
B: 紙を取り出せばすぐに直りますよ。

A: **I'm afraid the scanner has jammed.**
B: **If you remove the paper, it should work right away.**

6

A: 修理するか買い替えるか、どちらがいいでしょうか？
B: かなり古いモデルですし、買い替えたほうが安いと思います。

A: **Which is better, getting it repaired or buying a new one?**
B: **It's quite an old model, so it might be cheaper to buy a new one.**

「パソコンにデータを保存する」は save を使って表現できます。save an image file「画像ファイルを保存する」など。突然の不具合でデータがなくなったりしないよう、常にバックアップをとりましょう。

4 その他のトラブル

未入金の督促や取引先の倒産、電車の遅延など、予期せぬハプニングが起きたとき、ビジネスマンならスマートに対処したいもの。さまざまなトラブルに関する表現も覚えておきましょう。

基本の単語＆フレーズ

1	保証期間	warranty period
2	口座	account
3	倒産する	go bankrupt
4	赤字で	in the red
5	遅らせる	delay
6	道に迷った	lost

基本の表現

1 会社の電話が故障しました。保証期間内なので交換してもらえますか？
My company's telephone broke down. It's still within the warranty period, so can we get it replaced?

2 弊社の口座へのご入金が確認できないのですが。
I haven't been able to confirm the deposit into our account.

3 取引先である ABC 社が、倒産するそうです。
It seems like a company we've been dealing with, ABC, will go bankrupt.

4 XYZ 社のレストランは長期にわたって赤字が続いています。
XYZ's restaurant has been in the red for a long time.

5 電車が遅れており、仕事に間に合いません。
My train is delayed, so I'll be late for work.

6 打ち合わせのため御社に向かっていますが、道に迷ってしまいました。
I'm on my way to your office for the meeting, but I'm a little lost.

第7章 トラブル

基本のコミュニケーション

1

A: このパソコンの修理をお願いしたいのですが。
B: 保証期間が過ぎておりますので、修理代を全額ご負担いただきます。よろしいでしょうか？

A: I'd like ask you to repair this computer.
B: The warranty period has ended, so you'll need to pay the entire repair cost. Is that okay?

2

A: 今朝、全額入金しているはずです。確認していただけませんか？
B: 確認できません。口座番号を教えていただけますか？

A: The full amount should have arrived this morning. Could you look into it?
B: I'm not able to verify that. Could you tell me your account number?

3

A: 下請け業者の一社が倒産しました。
B: 本当ですか？ 彼らは順調だと聞いていました。

A: One of our subcontractors went bankrupt.
B: Oh, really? I heard they were doing well.

*subcontractor「下請け業者」

4

A: 会社のほうはいかがですか？
B: あまりよくありません。今赤字なので、来年は良くなるといいのですが。

A: **How is your company doing?**
B: **Not very well. We're in the red, but I'm hoping next year will be better.**

5

A: 飛行機が遅れており、到着が7時30分になります。
B: わかりました。到着をお待ちしております。

A: **My flight has been delayed, so I'll get there at 7:30.**
B: **I understand. I'll be waiting for you.**

6

A: 途中で道に迷ってしまいました。駅からの行き方を教えていただけませんか？
B: 南口を出て交差点を渡ったら、右折してまっすぐ進んでください。

A: **I got lost on my way. Could you tell me how to get there from the train station?**
B: **Leave from the South Exit and go across the intersection, then turn right and go straight.**

返信が遅い相手には It would be very helpful if you could reply by 3:00 today.「今日の3時までにお返事いただけると大変助かります」のように返信期日を明記することも大切です。

Column 7

「クレームがあります！」は何という？

　日本では「クレーム＝苦情」という認識があります。そのため、苦情を言いたいときは I have a claim. と言えば伝わると思っている人もいるようです。しかし、claim という単語は「当然の権利としての要求」「〜を要求する権利」といった意味のため、これでは通じません。

　日本語の「クレーム、苦情」を意味する英単語は、正しくは complaint です。以下のように使います。

・苦情があります。

　I have a complaint.

・彼女はクレームがあるようです。

　She seems to have a complaint.

　また、make a complaint で「クレームをつける、苦情を言う」という意味になります。

・クレームがあって来ました。

　I'm here to make a complaint.

・顧客が値段について苦情を言いました。

　The customer made a complaint about the price.

第8章

人　事
Personnel affairs

Congratulations on your promotion.

1

求人について問い合わせる

募集要項や面接に関する問い合わせなど、就職活動の際に使う表現をチェックしましょう。気になる会社を見つけたら、次のステップに進むために積極的に連絡をとりましょう。

基本の単語&フレーズ

1	求人広告	help-wanted ad
2	～に応募する	apply for ...
3	履歴書	resume
4	面接	interview
5	常勤の	full-time
6	実務経験	work experience

基本の表現

1 ホームページの求人広告を見てお電話しました。
I'm calling because I saw the help-wanted ad on your website.

2 求人に応募するかを検討しているのですが、まだ募集していますか？
I'm thinking about applying for the position. Is it still open?

3 履歴書をお送りしたいのですが。
I'd like to send in my resume.

4 もし可能であれば、面接の機会をいただきたいのですが。
If possible, I would really like to have the opportunity for an interview.

5 常勤職への応募を検討しております。
I'm interested in applying for a full-time position.

*full-time position「常勤職、正社員」

6 何年間の実務経験が必要でしょうか？
How many years of work experience do you require?

基本のコミュニケーション

1

A: 11月20日の新聞で、御社の求人広告を拝見しました。
B: ご連絡ありがとうございます。

A: **I saw your help-wanted ad in the November 20 newspaper.**
B: **Thanks for contacting us.**

*求人広告は job ad という表現もあります。

2

A: 求人に応募するにあたり、いくつか質問があります。
B: どうぞ、お伺いいたします。

A: **I have a few questions about applying for the position.**
B: **Okay, how can I help you?**

3

A: 履歴書以外に必要な書類はありますか？
B: パスポートもあわせてご持参ください。

A: **Are there any documents besides a resume that you need?**
B: **Please also bring your passport.**

4

A: 全員面接に参加できるのでしょうか？
B: いえ、書類選考に合格された方のみ面接にお越しいただきます。

A: **Will everyone be given an interview?**
B: **No, we'll only ask those who have passed the document screening to come in for an interview.**

5

A: 常勤の社員は何名採用される予定ですか？
B: 3名の常勤社員の採用を予定しております。

A: **How many full-time employees are you planning to hire?**
B: **We're planning to hire three full-time employees.**

6

A: 教員免許はあるのですが、実務経験がありません。
B: 申し訳ございません。今回は即戦力となる中途採用を予定しております。

A: **I have a teaching license, but I don't have any work experience.**
B: **I'm sorry, but we're planning to hire a mid-career person who can start working right away.**

「現在就職活動中です」は I'm job hunting.、「現在休職中です」は I'm between jobs.、「現在離職中です」は I'm currently not employed. となります。

第8章 人事

2 面接での質疑応答

面接ではどの質問に対しても常にポジティブに答えるよう心がけましょう。自信のなさはマイナスポイント。職歴や特技、保有スキルなどを積極的にアピールしましょう。

基本の単語&フレーズ

1	企業理念	mission statement
2	貢献する	contribute
3	職務	duty
4	〜するのが得意である	be good at ...
5	研修期間	training period
6	応募者	applicant

基本の表現

1 御社の企業理念に魅力を感じました。

I was impressed by your mission statement.

---

2 新しい技術の発展に貢献したいです。

I'd like to contribute to the development of new technologies.

---

3 具体的な職務をお伺いしたいのですが。

I'd like to ask about the specific work duties.

---

4 パソコン操作は得意ですか？

Are you good at using computers?

---

5 最初の3か月は研修期間とさせていただきます。

The training period is the first three months.

---

6 応募者多数のため、通知の送付には2週間ほどいただきます。

We have a lot of applicants, so we'll send you a notice in about two weeks.

第8章 人事

基本のコミュニケーション

1

A: 当社を志望した理由を聞かせてください。
B: 「食を通じて日本と世界をつなぐ」という企業理念に惹かれ、このたび応募いたしました。

A: **Could you tell me why you're interested in working here?**
B: **I applied because I was impressed by your mission statement: Connecting Japan to the world through food.**

2

A: どのようなスキルを活かして当社に貢献できますか？
B: 企画力とコミュニケーション力には自信があります。

A: **What skills do you feel you can contribute to this company?**
B: **I feel pretty confident in project planning and communication.**

3

A: 働き始めてから、職務が途中で変わる可能性はありますか？
B: いいえ、職務が変わることはありません。

A: **Once I start working there, is there a possibility that my job will change?**
B: **No, your job duties will not change.**

4

A： 動画作成ソフトの操作は得意ですか？

B： はい、専門学校で学びました。

A： **Are you good at using video production software?**

B： **Yes, I learned about it at my technical college.**

*technical college / vocational school「専門学校」

5

A： 研修期間はありますか？

B： もちろんありますのでご安心ください。

A： **Will there be a training period?**

B： **Yes, of course. There's nothing to worry about.**

6

A： 面接結果はどのように連絡がくるのでしょうか？

B： 応募者全員にメールでご連絡差し上げます。

A： **How will I find out about the results of the interview?**

B： **We will contact all applicants by email.**

Tell us about yourself.「自己紹介してください」、What are your strengths and weaknesses?「あなたの長所と短所はなんですか？」などは面接で聞かれる定番の質問です。

3
会社の制度を説明する

昇級や勤務時間、手当など、会社の制度に関する説明をするときの表現です。勤務条件や福利厚生は仕事をする上でとても大切。最初にしっかり確認しておきましょう。

基本の単語&フレーズ

1	昇給	pay raise
2	勤務時間	work hours
3	交通費	commuting expenses
4	社宅	company housing
5	手当	allowance
6	社会保険	social insurance

基本の表現

1 昇給は年1回です。

We get a pay raise once a year.

*raise のみで「昇給」を指すこともあります。

---

2 勤務時間は、9時から6時までです。お昼休憩は1時間です。

The work hours are from 9:00 to 6:00, with an hour lunch break.

---

3 交通費は、年に2回、給料と一緒に口座に振り込みます。

Your commuting expenses are put in your account twice a year with your salary.

---

4 社宅は単身者のみ入居できます。

We have company housing available for singles.

*社員寮は company dormitory といいます。dormitory は dorm と略すこともあります。

---

5 住宅手当は月2万円支給します。

We pay a 20,000 yen allowance for housing per month.

---

6 社会保険は、毎月の給与から引かれます。

Social insurance is deducted from your monthly salary.

第8章 人事

基本のコミュニケーション

1

A: 昇給の可能性はありますか？

B: 昇給のチャンスは年に1回あります。評価によって判断します。

A: Is there a possibility of a pay raise?

B: There's a possibility of an increase once a year. It will depend on your evaluation.

2

A: 遅番の勤務時間を知りたいのですが。

B: 12時～9時です。

A: I'd like to ask about the work hours for the late shift.

B: It's from 12:00 to 9:00.

* 勤務時間はほかに working time という表現もあります。

3

A: 毎月の交通費は、いつ申請すればいいのでしょうか？

B: 毎月末に申請してください。

A: When do I need to submit my monthly commuting expenses?

B: Please apply at the end of each month.

4

A: 社宅の申し込みをしたいのですが。
B: では、こちらの用紙にご記入ください。

A: **I'd like to apply for company housing.**
B: **Okay, please fill in this form.**

5

A: 残業手当はつきますか？
B: 勤務が8時間を超えた場合は残業手当が出ます。

A: **Do we get paid for overtime?**
B: **You get paid an overtime allowance if you work more than eight hours.**

6

A: 派遣社員も社会保険に加入しなければなりませんか？
B: はい。派遣社員もアルバイトも全員加入する必要があります。

A: **Do temp staff need to sign up for social insurance?**
B: **Yes, all temporary and part-time workers need to sign up.**

---

temporary worker/staff「派遣社員」は、省略して temp worker/staff と表現することもあります。part-time worker は「アルバイト」、contract worker は「契約社員」です。

4 人事情報について話す

chapter 8

異動、昇進、配属など、会社の組織変更や人事情報にかかわる表現をおさえておきましょう。

基本の単語＆フレーズ

1 〜に転勤する	be transferred to ...
2 昇進	promotion
3 〜に配属される	be assigned to ...
4 解雇される	be laid off
5 退職する	resign
6 子会社	subsidiary

基本の表現

1　シドニーへ転勤することになりました。

I've been transferred to Sydney.

2　昇進おめでとうございます。

Congratulations on your promotion.

*be promoted「昇進する」という表現も覚えておきましょう。

3　海外事業部に配属されることになりました。

I've been assigned to work in the Overseas Department.

4　彼は先月解雇されました。

He was laid off last month.

*be laid off は会社の業績不振などを理由に解雇される場合に使います。

5　3月に退職します。

I'm going to resign in March.

*定年を迎えて退職する場合は retire を使います。

6　子会社に異動になりました。

I was transferred to a subsidiary company.

*「親会社」は parent company といいます。

基本のコミュニケーション

1

A: あなたが名古屋に転勤すると伺いました。
B: ええ、来週正式に辞令が出ます。

A: **I heard you were being transferred to Nagoya.**
B: **Yes, I'll get the official notice next week.**

2

A: あなたが昇進したと聞き、とてもうれしいです。おめでとうございます。
B: ありがとうございます。

A: **I was happy to hear you got the promotion. Congratulations.**
B: **Thank you very much.**

3

A: 広報部への配属を希望しています。
B: ほかに興味のある部署はありますか？

A: **I'd like to be assigned to Public Relations.**
B: **Are there any other departments you're interested in working in?**

4

A： 最近、小泉さんの姿を見かけませんね。
B： 彼は２カ月前に解雇されました。

A： I haven't seen Koizumi-san around for a while.
B： He was laid off two months ago.

5

A： 一身上の都合で退職することになりました。
B： 長い間一緒にお仕事ができて光栄でした。

A： I've decided to resign from the company for personal reasons.
B： It was an honor to work with you for such a long time.

*for personal reasons「一身上の都合で」

6

A： ４月から子会社での勤務が決まりました。
B： 場所はどちらなんですか？

A： It's been decided that I'll work for a subsidiary from April.
B： Where is it located?

正式に辞令が出るまで秘密にしなければならない話は、It's just between us.「ここだけの話です」や Don't tell anyone.「誰にも言わないでください」と言って念を押しましょう。

Column 8

アメリカの年度と新卒採用事情

　日本では3月が年度末、4月が新年度の始まりです。また、新卒採用についても大学を3月に卒業して4月から新入社員として一斉に働き始めるのが一般的です。

　しかしアメリカの場合、国の会計年度は10月始まりですが、会社の年度は企業ごとに異なり、1～12月でひと区切りにするところもあれば、6～5月のところもあります。新卒採用についても、決まった月に一斉に新人が入社するという話はあまり聞きません。9月に大学を卒業してから就職活動を始める人、在学中からインターンとして働き、そのまま就職する人など、さまざまです。

　そもそもアメリカには終身雇用という概念がなく、一度ある企業に就職しても、数カ月後にすぐ転職ということも珍しくありません。人員が流動的なため、ポストが空いたらその都度採用するという「通年採用」のスタイルをとっています。

　年度の区切りや採用活動の時期がしっかり決まっている日本と、会社ごとに異なるアメリカ。このような違いを知るのも興味深いですね。

# 第9章

雑　談
Small talk

Why don't we grab a drink?

1 上司との会話

ビジネスの基本である上司への報告、連絡、相談や休日、残業にまつわる表現を確認しましょう。仕事を円滑に進めるために、ささいなことでも情報共有することが大切です。

基本の単語&フレーズ

1	対処する	take care of
2	～に最新の状況を報告する	keep ... updated
3	直帰する	go right home
4	休日	day off
5	残業する	work overtime
6	期待する	count on

基本の表現

1 明日までに対処しておきます。

I can take care of this by tomorrow.

*「すぐ対処します」は I'll take care of it right away. となります。

---

2 最新の状況をご報告するようにいたします。

We'll keep you updated.

*定期的に進捗状況を報告する旨を伝える表現です。

---

3 今日は客先から直帰してもよろしいですか？

Would it be okay if I went right home from the client's office?

---

4 来週の金曜日に休みをいただいてもよろしいですか？

Would it be okay if I took a day off next Friday?

---

5 忙しいところ悪いが、今日は残業してもらえないか？

I know you're busy, but could you work overtime today?

---

6 君にはかなり期待しているよ。

We're really counting on you.

基本のコミュニケーション

1

A: だれか会議の資料を準備してくれないか？
B: 本日中に対処します。

A: Could someone get the files ready for the meeting?
B: I'll take care of that today.

2

A: プロジェクトの最新の状況を報告してくれないか？
B: 資料を持って参りますので少しお待ちください。

A: Could you keep me updated on the status of your project?
B: I'll get you some files, if you could wait a few minutes.

3

A: では、ABC 社との打ち合わせが終わったら直帰させていただきます。
B: もちろんだ。明日も大仕事があるからね。

A: Okay, after the meeting with ABC, I think I'll go right home.
B: Sure. I know we have a big project tomorrow too.

4

A: 明日、休日出勤してもらえるかな？
B: 申し訳ありませんが無理です。明日は娘の卒業式なんです。

A: **Could you come in on your day off tomorrow?**
B: **I'm sorry, but I really can't. My daughter is graduating tomorrow.**

5

A: 今日残業してもらえないか？ 手伝ってもらいたい仕事があるんだ。
B: もちろんです。どのような件でしょうか？

A: **Can you work overtime today? There's something I need your help on.**
B: **I'd be happy to. What do you need me to do?**

*I'd be happy to. は頼まれ事などを喜んで引き受けるときの定番表現です。

6

A: 君たちには期待しているよ。でも、あまり無理はしないように。
B: お気遣いありがとうございます。

A: **I'm counting on you, but don't overwork yourselves.**
B: **I really appreciate your concern.**

第9章 雑談

> 部下が成果を上げたら思い切り褒めましょう。You did a great job.「よくやってくれたね」、Well done!「さすがだよ！」などが相手を激励する表現です。

2 同僚との会話

お願い事をする、飲みに誘う、手伝いを申し出るなど、職場で交わす何気ない会話のやりとりです。気軽に使って同僚とコミュニケーションをはかりましょう。

基本の単語&フレーズ

1	お願いがあるんだけど。	Do me a favor.
2	片づける	finish off
3	軽く飲む	grab a drink
4	～に慣れる	get used to ...
5	手助け	hand
6	転職する	change jobs

基本の表現

1 お願いがあるんだけど。

Do me a favor.

*Could you do me a favor? だと、より丁寧な表現になります。

---

2 この最後の仕事を片づけちゃおうよ。

Let's finish off this last job.

* 仕事を切り上げる表現に Let's call it a day.「今日はこれで終わりにしよう」もあります。

---

3 軽く飲みに行かない？

Why don't we grab a drink?

*grab には「軽く、ちょっと」というニュアンスがあります。

---

4 新しい仕事にはもう慣れた？

Have you gotten used to your new job?

*get the hang of ...「〜のコツをつかむ」も似たような意味の表現で、よく使われます。

---

5 何かお手伝いしましょうか？

Do you need a hand?

* 困っている相手に手助けを申し出るときの表現です。

---

6 このプロジェクトが終わったら転職するんだ。

I'm going to change jobs after this project.

第9章 雑談

基本のコミュニケーション

1

A: お願いがあるんだけど。これのコピーが 30 部必要です。
B: もちろん、いいですよ。

A: **Do me a favor. I need 30 copies of this.**
B: **Sure, of course.**

2

A: そろそろ行こうか？
B: これだけ片づけさせて。

A: **Shall we go?**
B: **Let me just finish this off.**

* 同じ意味の get done を使って、Let me get this done. と表現することもできます。

3

A: 仕事のあと、軽く飲みに行かない？ 相談があるんだけど。
B: ごめん、先約があるんだ。明日はどう？

A: **After work, shall we grab a drink? There's something I'd like to talk to you about.**
B: **Sorry, but I already have an appointment. How about tomorrow?**

4

A： 新しい部署には慣れた？
B： ええ、なんとか慣れてきたわ。みなさんとても良い方なの。

A： **Are you used to your new department?**
B： **Yeah, I'm starting to get used to it. Everyone is really nice.**

5

A： 忙しそうだね。何か手伝おうか？
B： それは助かります。じゃあこの資料をホチキス止めしてもらえますか？

A： **You look busy. Can I give you a hand with anything?**
B： **That would really help. Could you staple these files?**

6

A： 浮かない顔してどうしたの？
B： もうそろそろ転職したいと思ってね。

A： **Why the long face?**
B： **I'm thinking of changing jobs soon.**

Let's have lunch.「ランチしようよ」、Guess what?「ねえ、聞いてよ」、Do you have a second?「少しいい？」、Don't work too hard.「無理しないで」も覚えておくと便利な表現です。

3 取引先を接待する

chapter 9

取引先との接待に限らず、相手を気遣う表現は覚えて損はありません。食事に誘う、ごちそうする、相手の希望をたずねるなど、おもてなしをするときに使ってみましょう。

基本の単語&フレーズ

1 楽にする	make oneself comfortable
2 人を〜に連れて行く	take someone out to ...
3 ごちそう、おごり	treat
4 〜の気分である	be in the mood for ...
5 試してみる	give it a try
6 余暇	spare time

基本の表現

1 どうぞ楽にしてください。

Please make yourself comfortable.

---

2 今晩、お食事にお連れしたいのですが。

We would like to take you out to dinner tonight.

---

3 ごちそうさせてください。

It's my treat.

*treat を動詞の「ごちそうする」として使う、Let me treat you. という表現もあります。

---

4 特に何を召し上がりたい気分ですか？

Are you in the mood for anything in particular?

*for のあとに doing を入れると、食べたいものではなくやりたいことをたずねる文章になります。

---

5 試してみますか？

Would you like to give it a try?

*give it a go も同じ意味の表現です。

---

6 余暇は何をなさりたいですか？

What do you like to do in your spare time?

基本のコミュニケーション

1

A: 遠いところお越しいただき感謝いたします。どうぞ楽にしてください。
B: ありがとうございます。

A: **Thanks for coming all this way. Please make yourself comfortable.**
B: **Thank you very much.**

*「楽にする、くつろぐ」は make oneself at home という表現もありますが、ビジネスシーンでは使いません。

2

A: 会議のあとご予定がなければ、お食事にお連れしたいのですが。
B: ぜひ行きたいです。

A: **I'd like to take you out to dinner, if you don't have any plans after the meeting.**
B: **Sure, I'd love to go.**

3

A: ここは私が。
B: いえ、私がごちそうします。

A: **Let me get this.**
B: **No, this is my treat.**

*「私がごちそうします」は It's on me. という表現もあります。

4

A： そうですねえ。天ぷらが食べたい気分です。
B： 良い店を知っているのでご案内します。

A： **Let me think. I'm in the mood for tempura.**
B： **I'd like to take you to a nice place I know.**

5

A： 納豆を食べたことはありますか？
B： いえ、一度もありません。試してみたいです。

A： **Have you ever tried natto?**
B： **No, I never have, but I'd like to give it a try.**

6

A： 余暇に歌舞伎を観に行きませんか？　チケットを取ったんです。
B： もちろん、喜んで。

A： **How about going to see kabuki when you have some spare time? I got tickets.**
B： **Of course. I'd love to.**

手土産を渡す場合は I hope you like it. 「お口に合うといいのですが」、Please share this with everyone. 「みなさんで分けてお召し上がりください」などと言いながら渡すとよいでしょう。

4 イベント・パーティーでの会話

chapter 9

初対面やよく知らない相手との話題に困ったとき、このような雑談がすっと出てくると会話のきっかけがつかめます。そのまま覚えて使ってみましょう。

基本の単語&フレーズ

1	乾杯する	make a toast
2	職場	workplace
3	業績	performance
4	〜と知り合う	get to know ...
5	連絡先	contact information
6	会う	get together

基本の表現

1 乾杯しましょう。

Let's make a toast.

*Let's have a toast. も同じ意味の表現です。

2 はじめまして。職場はお近くなんですか？

Nice to meet you. Is your workplace near here?

3 この計画は長期にわたって会社の業績を改善することでしょう。

This project will improve our company's performance in the long term.

4 XYZ社のデイビスさんとは前回のパーティーで知り合いました。

I got to know Mr. Davis from XYZ at the previous party.

5 こちらが私の連絡先です。今度ぜひお食事にでも行きましょう。

This is my contact information. Let's have dinner or something sometime.

6 またお会いできる機会があることを願っております。

I hope we have a chance to get together again.

*have a chance to ...「～する機会がある」

第9章 雑談

基本のコミュニケーション

1

A: 今後の発展を願って、乾杯しましょう。
B: 乾杯！

A: **Let's make a toast to our future success.**
B: **Cheers!**

2

A: 先日の ABC 社のパーティーであなたをお見かけしました。
B: ああ、職場があそこから近いんです。

A: **I saw you at the ABC party the other day.**
B: **Oh, my workplace is near there.**

3

A: 新規事業が軌道に乗って、さらに業績があがるといいのですが。
B: まったくですね。

A: **I hope this new project gets going and our performance improves.**
B: **I really hope so too.**

4

A: お二人はどのように知り合ったのですか？
B: ビジネスセミナーで知り合いました。

A: **How do you know each other?**
B: **We got to know each other at a business seminar.**

5

A: 来週あたりまた会いませんか？
B: はい。連絡先を交換しましょう。

A: **How about getting together sometime next week?**
B: **Okay, why don't we exchange contact information?**

6

A: たまには会って飲んだりしましょう。
B: ぜひ。名刺をお渡ししますね。

A: **Let's get together and have some drinks sometime.**
B: **I'd love to. Here's my card.**

> お祝いの表現は Congratulations on ... です。Congratulations on 15 years in business.「創立15周年おめでとうございます」、Congratulatons on your new overseas business.「海外進出、おめでとうございます」。

第9章 雑談

Column 9

「割り勘」・「やっと金曜日だ」は何という？

　同僚との飲み会も、そろそろ会計のタイミング。「今日は割り勘にしよう」と言いたいときは、split the bill（割り勘にする）という表現を使いましょう。split は「（縦に）割る」、the bill は「勘定書」の意味です。

　A: Let me get it. I owe you.
　（私に払わせて。あなたには借りがあるから）
　B: Let's split the bill. You've done a lot for me too.
　（割り勘にしよう。君の方こそ、僕にいろいろよくしてくれてるんだし）

　雑談で使える表現をもうひとつご紹介します。職場などで週の終わりの金曜日に「やっと金曜日だ」と言うことがありますよね。実は、英語にもそれにあたる表現があります。それが、TGIF。これは「Thank God, it's Friday.」の頭文字を並べたもので、そのまま「ティージーアイエフ」とアルファベット読みします。常に略すわけではなく、Thank God, it's Friday. や Thank goodness it's Friday. と言うことも。仕事から解放され、待ち遠しかった週末の訪れを喜ぶときに使ってみましょう。

ビジネス用語集

【業種名】

サービス業	service industry
金融業	finance industry
不動産業	real estate industry
教育産業	education industry
飲食産業	food and beverage industry
出版業	publishing industry
医療産業	medical industry
自動車産業	automotive industry
福祉産業	welfare industry
保険業	insurance industry
運輸業	transport industry
電気業	electrical industry
小売業	retail industry
卸売業	wholesale industry
建設業	construction industry
通信業	telecommunications industry
製造業	manufacturing industry
農業	farming industry
林業	forestry industry
鉱業	mining industry
漁業	fishing industry

【職業名】

☐ 会社員	company employee
☐ 事務員	office worker
☐ 営業	salesperson / sales representative
☐ 秘書	secretary
☐ 受付係	receptionist
☐ 会計士	accountant
☐ 税理士	tax accountant
☐ システムエンジニア	systems engineer
☐ プログラマー	programmer
☐ 整備士	mechanic
☐ 研究員	researcher
☐ 銀行員	bank clerk
☐ 政治家	politician
☐ 外交官	diplomat
☐ 通訳	interpreter
☐ 翻訳家	translator
☐ 栄養士	dietician
☐ 薬剤師	pharmacist
☐ 獣医	veterinarian
☐ 学芸員	curator
☐ 公務員	civil servant
☐ 建築士	architect
☐ 弁護士	lawyer
☐ フリーランサー	freelancer
☐ 新聞記者	journalist
☐ 編集者	editor

【部署名】

営業部	sales department
販売促進部	sales promotion department
マーケティング部	marketing department
企画部	planning department
人事部	human resource / personnel department
総務部	general affairs department
経理部	accounting department
法務部	legal department
広報部	public relations department
宣伝部	advertising department
海外事業部	overseas department
研究開発部	research and development department
技術部	engineering department
秘書室	secretary section
社長室	president's office

【会社組織名】

大企業	big/large company
中小企業	small and medium-sized company
上場企業	public company
非上場企業	private company
多国籍企業	multinational company
持ち株会社	holding company

※「部署」を表す単語は department/division/section など複数あり、会社によって異なります

デイビッド・セインの基本の『き』シリーズ
ビジネス英語 基本の『き』

2016 年 6 月 23 日　　第 1 刷

［著　　者］	デイビッド・セイン（David A. Thayne）
［編集協力］	Jaime Jose　　Shelley Hastings Alexandria McPherson　　遠藤玲美（AtoZ）
［組　　版］	AtoZ
［装　　丁］	銀月堂
［イラスト］	アサミナオ
［編　　集］	加藤敦
［発 行 者］	南雲一範
［発 行 所］	株式会社南雲堂 東京都新宿区山吹町 361 郵便番号 162-0801 電話番号 03-3268-2311 F A X　03-3269-2486 U R L　http://www.nanun-do.co.jp/ E-mail　nanundo@post.email.ne.jp
［印 刷 所］	
［製 本 所］	松村製本所

本書の無断複写・複製・転載を禁じます。
乱丁・落丁本は、小社通販係宛ご送付ください。
送料小社負担にてお取り替えいたします。
検印廃止　〈1-542〉
©DAVID A. THAYNE　2016 Printed in Japan
ISBN 978-4-523-26542-9 C0082